汽车4S店优化创新管理

汽车4S店与维修业环境管理实战指南

叶东明　编

化学工业出版社

·北京·

图书在版编目（CIP）数据

汽车4S店与维修业环境管理实战指南/叶东明编.
—北京：化学工业出版社，2019.11
（汽车4S店优化创新管理）
ISBN 978-7-122-35108-1

Ⅰ.①汽⋯ Ⅱ.①叶⋯ Ⅲ.①汽车-专业商店-经营管理 Ⅳ.①F717.5

中国版本图书馆CIP数据核字（2019）第188243号

责任编辑：周　红　　　　　　　　　文字编辑：张燕文
责任校对：宋　夏　　　　　　　　　装帧设计：王晓宇

出版发行：化学工业出版社（北京市东城区青年湖南街13号　邮政编码100011）
印　　装：大厂聚鑫印刷有限责任公司
710mm×1000mm　1/16　印张10$\frac{3}{4}$　字数175千字　2019年11月北京第1版第1次印刷

购书咨询：010-64518888　　　　　　售后服务：010-64518899
网　　址：http://www.cip.com.cn
凡购买本书，如有缺损质量问题，本社销售中心负责调换。

定　　价：78.00元　　　　　　　　　　　　　　　版权所有　违者必究

前言

随着汽车在人们生活中的日渐普及,汽车数量井喷式的增加。据公安部统计,截至2018年底,全国机动车保有量已达3.27亿辆,其中汽车2.4亿辆,小型载客汽车首次突破2亿辆,其中73%为私家车。随着民用车辆和私家车数量的迅速增长,汽车维修企业数量也快速增长。根据交通运输部公布的数据显示,截至2016年底,全国共有机动车维修企业62万家,分为一、二、三类。其中一类维修厂包括汽车品牌授权的4S店以及一些规模较大的汽修厂,占维修厂总量的15%~20%;二类维修厂包括部分4S店所设立的维修服务网点,以及具有一定规模和技术水平的维修厂,占到总量的25%~30%;三类维修厂就是规模较小、技术水平较低的维修厂,占到总量的50%以上。机动车维修从业人员近400万人,完成年维修量5.3亿辆次,汽车维修服务已经成为名副其实的最基本的民生服务业。

汽车维修的服务范围、生产经营模式及作业方式在过去的30年中已经发生了根本性变化:汽车维修的服务范围从为道路运输车辆服务、为企事业单位和政府工作用车服务变为为全社会民众服务;汽车维修的生产经营模式从过去的旧件加工修复为主变为以养护、配合更换零配件为主;汽车维修的作业方式从过去的定期修理、大拆大卸式的生产作业模式变为以不解体检测诊断、视情维修为主。

在汽车维修过程中产生大量含有有毒有害物质的废气、固体废物❶、废水等，对环境造成污染及危害。废气包括喷烤漆房有机废气、零件清洗使用的有机溶剂挥发产生的废气、打磨时的粉尘、电气焊的焊烟、冷媒加注或更换时的废气等。固体废物包括废包装材料、废轮胎、废零件、废矿物油、废油棉纱、废防冻液、废蓄电池、废线路板、废漆料、漆渣、饱和活性炭、已使用的过滤棉、废漆桶、废喷漆罐等。废水包括车身清洁作业的洗车废水及在湿式打磨时产生含悬浮物的打磨废水等。

依据2014年北京市有关部门的调查，全市2720家一类、二类汽车维修企业排放的VOCs为4798.0吨，全市5955家机动车维修企业废矿物油、废铅酸电池收集处置量分别为13541吨、2724吨。依此类推，全国31万家一类、二类汽车维修企业排放的VOCs为53.68万吨，全国62万家机动车维修企业废矿物油、废铅酸电池收集处置量分别约为140.98万吨和28.36万吨。

由此可见，汽车维修企业所造成的环境污染问题已经十分突出，这种情况与我国日益提高的环保要求格格不入。为此，从2016年开始，国家有关部门开始将汽车维修企业特别是4S店列为重点的环保监管对象。环境管理问题已经成为4S店及其他汽车维修企业及其经营管理人员亟待解决的问题。

大多数4S店及其他汽车维修企业经营管理人员虽然在汽车销售和售后服务方面是行家里手，但在环境管理和污染防治方面却是新军。去年，笔者参加了宝马中国售后何军总经理召开的4S店环境管理座谈会，当时就萌发了编写一本关于4S店及汽车维修业环境管理的书、帮助行业做一

---

❶ 原则上不随废水排放的固态、半固态污染物甚至于密闭容器中的气体都属于固体废物，所有进入国家危险废物目录的物质都是固体废物。

些自己力所能及的事情的念头。之后，便开始收集资料和对众多4S店的环保现状进行考察。经过近一年的努力，终于完成了本书。

本书从分析汽车维修工艺所产生的环境问题入手，介绍了与汽车4S店及其他汽车维修企业相关的法律法规、排放标准和相关技术标准、合规要求以及相应的环境法律风险，并提供了这些环境污染问题的防治思路、防治技术和良好实践案例；本书还参考ISO 14001环境管理体系框架，阐述了系统化环境管理体系的建立、要求和管理文件案例，并提供了到目前为止国家和各省市相关的环境法律法规、污染排放标准和其他相关技术标准，方便读者使用。需要说明的是，本书中摘录和引用的环境法律法规和技术标准内容，以及所介绍的污染物防治良好实践只是作为知识传播，不能作为法务使用。

本书在编写过程中，参阅了一些国内外相关文献，在此谨向有关作者表示感谢！同时对为本书写作过程提供帮助和提出意见的广大4S店朋友表示衷心感谢！

由于时间仓促，加上水平所限，书中存在许多不足之处，恳请读者批评指正。

欢迎广大汽车4S店和汽车维修企业垂询和提出指正意见，电子邮箱dongmingye88@hotmail.com。

叶东明

目录 CONTENTS

1 4S店和汽车维修业的主要环境问题   **001**

    1.1 汽车维修业主要工艺   002

    1.2 污染产生节点和污染物分析   002

    1.3 汽车维修过程环境问题现状   005

    1.4 汽车维修过程资源、能源消耗   006

2 合规要求   **007**

    2.1 适用的法律法规   008

    2.2 适用的污染物排放标准和技术标准   009

    2.3 适用的部分地方性环境法规和规章   010

    2.4 汽车维修业污染物排放限值   017

    2.5 重要的国家环境法律制度   020

3 环境法律责任风险   **023**

    3.1 刑法和环境保护法法律责任风险   024

    3.2 污染物排放法律责任风险   027

    3.3 地方法规责任风险   034

4　污染防治及良好实践　　**035**

4.1　污染防治原则　　036
4.2　喷涂有机废物废气处理工艺　　039
4.3　大气污染防治良好实践　　044
4.4　水污染防治良好实践　　052
4.5　危险废物管理良好实践　　054
4.6　噪声防治良好实践　　055
4.7　绿色环保维修工具设备　　056

5　环境管理体系及其建立　　**058**

5.1　初始环境评审　　059
5.2　环境因素识别和重要性评价　　062
5.3　合规义务　　070
5.4　环境管理方案及其管理　　074
5.5　固体废物污染防治管理　　083
5.6　大气污染防治管理　　089
5.7　污水排放管理　　092
5.8　噪声污染防治管理　　095
5.9　紧急和突发过程（火灾、水灾、台风）的应急　　098
5.10　危险化学品安全管理　　103
5.11　常用化学品MSDS　　105
5.12　环境监测和测量管理　　106
5.13　合规性评价管理　　109
5.14　纠正和纠正措施　　120

附录　GB/T 24001—2016环境管理体系
要求及使用指南　　**123**

1

4S店和汽车维修业的主要环境问题

只有首先认知汽车维修业的环境因素，才能识别适用的环境法律法规以及相关法律风险的起点。通过对汽车维修过程的工艺分析和使用物料的分析，可以找出汽车维修过程中的主要环境因素。

1.1 汽车维修业主要工艺

汽车维修服务过程：待修的汽车进厂后先进行检查，然后送往维修车间；针对不同的故障和问题，对拆下的零部件进行修复和更换；对于需要进行表面修复的车辆，先送入钣金车间修理，然后送入烤漆房进行烤漆、喷漆；修理后的汽车经检测工序合格后清洗、出厂。汽车维修工艺流程如图1-1所示。

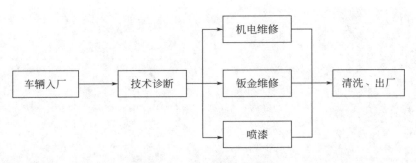

图1-1　汽车维修工艺流程

1.2 污染产生节点和污染物分析

（1）保养

保养项目包括更换机油和机滤、更换刹车片和制动盘、更换火花塞、更换燃油滤清器、更换制动液、更换防冻液、更换空气滤清器、更换空调滤清器、更换火花塞、更换雨刮片等。保养流程如图1-2所示。

1　4S店和汽车维修业的主要环境问题

图1-2　保养流程

更换机油过程产生废机油、废机油格、废机油桶和含机油手套；更换刹车片过程产生含石棉的废刹车片；更换制动液过程产生废制动液；更换防冻液过程产生废防冻液。以上保养过程产生的废物均为危险废物❶。其余保养过程产生废燃油滤清器、废空调滤清器、废空气滤清器、废刹车盘、废火花塞等属一般固体废物。

试车产生汽车尾气和噪声排放。

洗车过程产生含油、洗涤剂的废水和污泥。

（2）机电维修

机电维修项目包括机械维修项目和电气维修项目，一般根据故障现象和电脑诊断结果采用隔离排除法确定故障和维修方案。机电维修工艺流程如图1-3所示。

图1-3　机电维修工艺流程

机电维修可能产生的废物有废铅酸蓄电池、废锂离子蓄电池、废灯泡、废大灯总成、废排气管、废轴承、废球头连接杆、废减振器、废轮胎、发动机清洗废液、废安全气囊、废线路板等，其中废铅酸蓄电池、发动机和零件清洗废液、废线路板、含油手套等为危险废物。废锂离子蓄电池不是危险废物，但贮存需要预防短路和爆炸。未引爆的废安全气囊是危险废物，引爆后作为一般固体废物处理。

试车产生汽车尾气和噪声排放。

洗车过程产生含油、洗涤剂的废水和污泥。

---

❶ GB 34330规定原则上那些不随废水排放的固态、半固态污染物甚至置于密闭容器中的气体都属于固体废物，所有进入国家危险废物目录的物质都是固体废物。

(3)钣金维修

钣金维修包括七大类：车身凹凸性损伤的修复；车身锈蚀霉烂的修补；汽车挡风玻璃的更换；车身塑料件的修补；车身骨架扭曲变形、褶皱的矫正；车身维修中整体结构件的更换作业；车身整体变形的修复。钣金维修工艺流程如图1-4所示。

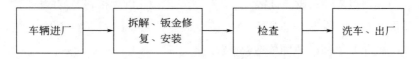

图1-4 钣金维修工艺流程

钣金维修过程产生的废物包括废零配件、钣金拆卸件，没有危险废物，但因焊接、切割、敲击等产生了焊接烟尘、切割噪声、敲击噪声和粉尘。

（4）喷漆

喷漆工序包括打底、腻子刮涂和打磨、中涂和打磨、面漆喷涂和烤漆等环节。喷漆工序流程如图1-5所示。

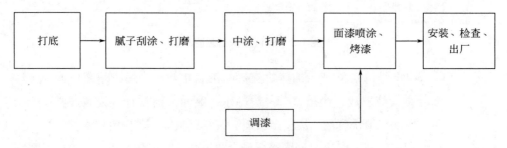

图1-5 喷漆工序流程

喷漆工序的主要废物有中涂过程涂料产生的挥发性有机化合物废气（VOCs），调漆过程涂料产生的挥发性有机化合物废气（VOCs），面漆喷涂过程涂料产生的挥发性有机化合物废气（VOCs）和漆雾，烤漆过程产生的柴油燃烧废气，喷枪清洗过程产生的有机化合物废液，废漆桶、废喷漆罐，喷漆过程遮蔽用的废纸和废薄膜，漆雾喷淋过滤产生的废漆泥，吸附VOCs的活性炭等。其中废漆桶、废喷漆罐为危险废物。

1.3 汽车维修过程环境问题现状

(1) 废气

汽车修理过程中产生的废气既有喷漆、烤漆过程中产生的有机废气,也有烤漆过程中使用轻柴油燃烧器产生的燃烧废气,还包括焊接过程中产生的烟气。

喷漆、烤漆的有机废气主要是由易挥发的溶剂、稀释剂产生的,主要组分是有机物,如苯、甲苯、二甲苯以及非甲烷总烃等。烤漆过程中使用的轻柴油燃烧器排出的废气主要为烟尘、SO_2和NO_x。焊接废气的主要成分为氮氧化物、碳氧化物和少量烟尘。

目前,大多数喷烤漆房都配有水膜式漆雾处理装置和活性炭吸附装置,用来吸收、吸附和净化喷漆、烤漆废气,活性炭吸附装置对有机废气的吸附效率可达95%以上。目前,已经有大部分的汽车维修企业使用以电为能源的喷烤漆房,减少了柴油燃烧废气的排放。焊接废气属于无组织排放,只能靠减少产生量来减少其对环境的影响。目前汽车维修企业主要采用电气焊(CO_2保护焊、氩弧焊),大多维修车间与外界自然通风良好,焊接烟尘量相对很少。

(2) 废液

汽车修理养护企业废水来自汽车维修各工序排水、汽车清洗废水和生活污水。

大型专业汽车维修企业,如清洁车辆维修厂、公共汽车维修厂等排放的废水,主要是在发动机和汽车零部件清洗过程中产生的碱性含油废水,废水中含有悬浮物、石油类物质、洗涤剂等。

车身清洁作业的废水是汽车修理养护企业的主要废水。车身清洁作业一般设有汽车外部清洗设备和污水处理及节水设备,排放废水主要是洗车废水和再生水处理设备的排污水。生活污水也是汽车修理养护企业废水的另一个来源。在有湿式打磨工序的维修企业,在湿式打磨时产生含悬浮物的打磨废水，其数量有限，一般单独收集处理后，再排入废水收集系统。

目前有的企业改革工艺，采用环保清洗剂及设备，没有高浓度含油废水排放。汽车零部件清洗均要求使用环保清洗剂，清洗液循环使用不外排，沉淀油泥按固体废物处理。洗车废水经沉淀油水分离、物化处理、活性炭吸附和膜过滤等措施处理后，可循环使用。通过采用循环水回用方式，洗车水循环利用率可达到80%以上。

汽车维修过程中产生的废机油、废刹车油属于危险废物。

（3）固体废物

汽车维修过程中产生的固体废物主要分为维修类固体废物和职工的生活垃圾。

汽车维修过程中产生的废配件，如废轮胎、废包装材料、废车灯等为一般固体废物，废机油、废刹车油、废漆桶、废活性炭和过滤棉以及废水除油系统收集的废油与沉泥等为危险废物。

（4）噪声

汽车维修过程中的主要噪声是喷烤漆房风机、空气压缩机、台钻、打磨机等设备噪声，汽车启动时的启动噪声和钣金维修过程中的切割、敲打、打磨产生的噪声等。通过采用设备减振处理、厂房隔声及风机安装隔声罩、消声器等措施后，排放噪声可以满足相应的标准要求。

1.4　汽车维修过程资源、能源消耗

汽车维修过程中资源、能源消耗主要涉及水资源、电力、煤炭、燃油、燃气等多个方面。主要能耗有如下几项。

① 检查、故障诊断、零部件拆除、修复和更换所用设备的能耗。

② 喷烤漆房用电或用柴油等燃料的能耗。

③ 废油回收机、空压机、高压洗车机等设备能耗。

④ 空调系统、照明系统能耗，包括检查、维修、喷烤漆、机修、检测全过程中空调、换气系统和照明系统能耗。

2

合规要求

第1章分析了4S店及汽车维修业环境污染物的情况。针对污染物的情况，就能够识别4S店及汽车维修业适用的国家和地方环境法律法规、污染物排放标准和相关环境管理制度。企业履行这些对企业要求的法律法规的义务和责任，即为企业合规。

2.1　适用的法律法规

适用的法律法规清单见表2-1。

表2-1　适用的法律法规

序号	法律法规名称	颁布单位	颁布日期
1	中华人民共和国环境保护法	全国人大常委会	2014.04.24
2	中华人民共和国固体废物污染环境防治法	全国人大常委会	2016.11.07
3	中华人民共和国水污染防治法	全国人大常委会	2017.06.27
4	中华人民共和国大气污染防治法	全国人大常委会	2018.10.26
5	中华人民共和国环境噪声污染防治法	全国人大常委会	2018.12.29
6	中华人民共和国环境影响评价法	全国人大常委会	2018.12.29
7	中华人民共和国环境保护税法	全国人大常委会	2016.12.25
8	中华人民共和国环境保护税法实施条例	国务院	2017.12.25
9	中华人民共和国土壤污染防治法	全国人大常委会	2018.08.31
10	中华人民共和国节约能源法	全国人大常委会	2018.10.26
11	中华人民共和国消防法	全国人大常委会	2008.10.28
12	中华人民共和国刑法	全国人大常委会	2017.11.04
13	建设项目环境保护管理条例	国务院	2017.07.16
14	城镇排水与污水处理条例	国务院	2013.10.02
15	国家危险废品名录	国家发改委	2016.08.01
16	危险废物转移联单管理办法	环境保护部	1999.05.31

续表

序号	法律法规名称	颁布单位	颁布日期
17	危险废物经营许可证管理办法	国务院	2004.05.30
18	危险化学品安全管理条例	国务院	2011.03.02
19	废弃电器电子产品回收处理管理条例	国务院	2009.02.25
20	排污许可管理办法（试行）	环境保护部	2008.01.10
21	关于做好新能源汽车动力蓄电池回收利用试点工作的通知	工信部	2018.07.23

2.2 适用的污染物排放标准和技术标准

适用的污染物排放标准和技术标准见表2-2。

表2-2 适用的污染物排放标准和技术标准

序号	排放标准和技术标准	标准号	实施时间
1	工业企业厂界环境噪声排放标准	GB 12348—2008	2008.10.01
2	环境保护图形标志 固体废物贮存（处置）场	GB 15562.2—1995	1996.07.01
3	环境保护图形标志—排放口（源）	GB 15562.1—1995	1996.07.01
4	危险废物贮存污染控制标准	GB 18597—2001	2002.07.01
5	涂装作业安全规程 有机废气净化装置安全技术规定	GB 20101—2006	2006.09.01
6	汽车维修业水污染物排放标准	GB 26877—2011	2012.01.01
7	煤质颗粒活性炭 气相用煤质颗粒活性炭	GB/T 7701.1—2008	2009.05.01
8	污水综合排放标准	GB 8978—1996	1998.01.01
9	大气污染物综合排放标准	GB 16297—1996	1997.01.01
10	汽车维修业开业条件第一部分：汽车整车维修企业	GB/T 16739.1—2014	2015.01.01

续表

序号	排放标准和技术标准	标准号	实施时间
11	汽车维修业开业条件第二部分：汽车整车维修企业	GB/T 16739.2—2014	2015.01.01
12	涂装作业安全规程 涂漆工艺安全及其通风净化	GB 6514—2008	2009.10.01
13	挥发性有机物无组织排放控制标准	GB 37822—2019	2019.07.01
14	涂料、油墨及胶粘剂工业大气污染物排放标准	GB 37824—2019	2019.07.01
15	恶臭污染物排放标准	GB 14554—1993	1994.01.15
16	危险废物收集 贮存 运输技术规范	HJ 2025—2012	2013.03.01
17	环境标志产品技术要求 水性涂料	HJ 2537—2014	2014.07.01
18	汽车空调制冷剂回收、净化、加注工艺规范	JT/T 774—2010	2010.07.01
19	企业突发环境事件风险分级方法	HJ 941—2018	2018.03.01
20	汽车喷烤漆房	JT/T 324—2008	2008.12.01
21	机动车维修服务规范	JT/T 816—2011	2012.01.10

2.3 适用的部分地方性环境法规和规章

除了国家的环境法律法规和技术标准，部分省、市、自治区根据本地区的实际情况和需要制定了自己的环境法规、规章和污染物排放标准，适用于当地的4S店及其他汽车维修企业。由于数量庞大，笔者仅对这些地方性的环境法规、规章、排放标准进行了不完全的收集，对4S店及其他汽车维修企业涉及的部分地方性环境法规和规章列于表2-3，供读者参考。

表2-3 适用的部分地方性环境法规和规章

序号	法规、规章或标准名称	颁布单位或标准号	实施日期
	北京市		
1	北京市大气污染防治条例	北京市人大常委会	2018.03.30
2	北京市环境噪声污染防治办法	北京市人大常委会	2007.01.01
3	北京市水污染防治条例	北京市人大常委会	2011.03.01
4	汽车维修业大气污染物排放标准	DB 11/1228—2015	2015.09.01
5	汽车维修业环境污染防治技术规范	DB 11/T1426—2017	2017.10.01
6	北京市大气污染物综合排放标准	DB 11/501—2017	2017.03.01
7	埋地油罐防渗漏技术规范	DB 11/588—2008	2009.03.01
8	汽车整车制造业（涂装工序）大气污染物排放标准	DB 11/1227—2015	2015.09.01
9	水污染物综合排放标准	DB 11/307—2013	2014.01.01
	上海市		
1	上海市大气污染防治条例	上海市人大常委会	2018.12.20
2	上海市环境保护条例	上海市人大常委会	2018.12.20
3	上海市社会生活噪声污染防治办法	上海市人民政府	2012.12.05
4	上海市实施《中华人民共和国环境影响评价法》办法	上海市人民政府	2004.05.15
5	上海市危险废物污染防治办法	上海市人民政府	1997.12.14
6	上海市危险化学品安全管理办法	上海市人民政府	2006.02.16
7	污水综合排放标准	DB 31/199—2018	2018.12.01
	天津市		
1	天津市大气污染防治条例	天津市人大常委会	2018.09.29
2	天津市生态环境保护条例	天津市人大常委会	2019.01.18
3	天津市水污染防治条例	天津市人大常委会	2018.11.21
4	天津市环境噪声污染防治管理办法	天津市人民政府	2003.10.01
5	恶臭污染物排放标准	DB 12/059—2018	2019.01.01
6	工业企业挥发性有机物排放控制标准	DB 12/524—2014	2014.08.01
7	铅蓄电池工业污染物排放标准	DB 12/856—2019	2019.02.01
8	污水综合排放标准	DB 12/356—2018	2018.02.01

续表

序号	法规、规章或标准名称	颁布单位或标准号	实施日期
重庆市			
1	重庆市环境保护条例	重庆市人大常委会	2018.07.26
2	重庆市大气污染防治条例	重庆市人大常委会	2018.07.26
3	大气污染物综合排放标准	DB 50/418—2016	2016.02.01
4	摩托车及汽车配件制造表面涂装大气污染物排放标准	DB 50/660—2016	2016.02.01
5	汽车维修业大气污染物排放标准	DB 50/661—2016	2016.02.01
6	汽车整车制造表面涂装大气污染物排放标准	DB 50/577—2015	2015.03.01
7	重庆市化工园区主要水污染物排放标准	DB 50/457—2012	2012.09.01
广东省			
1	广东省固体废物污染环境防治条例	广东省人大常委会	2012.07.26
2	广东省环境保护条例	广东省人大常委会	2018.11.29
3	广东省机动车排气污染防治条例	广东省人大常委会	2018.11.29
4	广东省排污许可证管理办法	广东省人民政府	2014.04.01
5	广东省实施《中华人民共和国环境噪声污染防治法》办法	广东省人大常委会	2018.11.29
6	大气污染物排放限值	DB 4427—2001	2002.01.01
7	水污染物排放限值	DB 4426—2001	2002.01.01
江苏省			
1	江苏省大气污染防治条例	江苏省人大常委会	2018.11.23
2	江苏省固体废物污染环境防治条例	江苏省人大常委会	2018.03.28
3	江苏省环境噪声污染防治条例	江苏省人大常委会	2018.03.28
4	江苏省机动车排气污染防治条例	江苏省人大常委会	2018.03.28
浙江省			
1	工业企业废水氮、磷污染物间接排放限值	DB 33/887—2013	2013.04.19
2	工业涂装工序大气污染物排放标准	DB 33/2146—2018	2018.11.01

2 合规要求

续表

序号	法规、规章或标准名称	颁布单位或标准号	实施日期
四川省			
1	四川省环境保护条例	四川省人大常委会	2017.09.22
2	四川省固体废物污染环境防治条例	四川省人大常委会	2018.07.26
3	四川省《中华人民共和国大气污染防治法》实施办法	四川省人大常委会	2018.12.07
4	四川省水污染物排放标准	DB 51/190—1993	1993.12.17
5	四川省固定污染源大气挥发性有机物排放标准	DB 51/2377—2017	2017.08.01
6	四川省大气污染物排放标准	DB 51/186—1993	1993.10.28
陕西省			
1	陕西省大气污染防治条例	陕西省人大常委会	2017.07.27
2	陕西省固体废物污染环境防治条例	陕西省人大常委会	2015.11.19
3	黄河流域（陕西段）污水综合排放标准	DB 61/224—2011	2011.05.01
4	挥发性有机物排放控制标准	DB 61/T1061—2017	2017.02.10
山东省			
1	山东省大气污染防治条例	山东省人大常委会	2018.11.30
2	山东省环境保护条例	山东省人大常委会	2018.11.30
3	山东省环境噪声污染防治条例	山东省人大常委会	2018.01.23
4	山东省机动车排气污染防治条例	山东省人大常委会	2018.01.23
5	山东省实施《中华人民共和国固体废物污染环境防治法》办法	山东省人大常委会	2018.01.23
6	山东省实施《中华人民共和国环境影响评价法》办法	山东省人大常委会	2018.11.30
7	山东省水污染防治条例	山东省人大常委会	2018.09.21
8	区域性大气污染物综合排放标准	DB 37/2376—2019	2019.11.01
9	挥发性有机物排放标准 第5部分：表面涂装行业	DB 37/2801.5—2018	2018.10.23

续表

序号	法规、规章或标准名称	颁布单位或标准号	实施日期
河北省			
1	河北省大气污染防治条例	河北省人大常委会	2016.03.01
2	河北省水污染防治条例	河北省人大常委会	2018.05.31
3	河北省达标排污许可管理办法	河北省人民政府	2015.03.01
4	工业企业挥发性有机物排放控制标准	DB 13/2322—2016	2016.02.24
湖北省			
1	湖北省大气污染防治条例	湖北省人大常委会	2018.11.19
2	湖北省水污染防治条例	湖北省人大常委会	2014.01.22
河南省			
1	河南省大气污染防治条例	河南省人大常委会	2018.03.01
2	河南省固体废物污染环境防治条例	河南省人大常委会	2011.09.28
3	河南省减少污染物排放条例	河南省人大常委会	2013.09.26
4	河南省水污染防治条例	河南省人大常委会	2009.11.27
湖南省			
1	湖南省大气污染防治条例	湖南省人大常委会	2017.06.01
2	湖南省环境保护条例	湖南省人大常委会	2013.05.27
3	湖南省实施《中华人民共和国固体废物污染环境防治法》办法	湖南省人大常委会	2018.01.17
福建省			
1	福建省大气污染防治条例	福建省人大常委会	2018.11.23
2	福建省固体废物污染环境防治若干规定	福建省人大常委会	2009.11.26
3	工业企业挥发性有机物排放标准	DB 35/1782—2018	2018.09.01
4	工业涂装工序挥发性有机物排放标准	DB 35/1783—2018	2018.09.01
5	厦门市水污染物排放标准	DB 35/322—2018	2018.12.15
6	厦门市大气污染物排放标准	DB 35/323—2018	2018.12.15

续表

序号	法规、规章或标准名称	颁布单位或标准号	实施日期
辽宁省			
1	辽宁省大气污染防治条例	辽宁省人大常委会	2017.05.25
2	辽宁省环境保护条例	辽宁省人大常委会	2017.11.30
3	辽宁省水污染防治条例	辽宁省人大常委会	2018.11.28
4	辽宁省污水综合排放标准	DB 21/1627—2008	2008.08.01
吉林省			
1	吉林省环境保护条例	吉林省人大常委会	2001.01.12
2	吉林省危险废物污染环境防治条例	吉林省人大常委会	2005.12.01
3	吉林省排污许可管理办法	吉林省人民政府	2017.09.01
黑龙江省			
1	黑龙江省大气污染防治条例	黑龙江省人大常委会	2017.01.20
2	黑龙江省工业污染防治条例	黑龙江省人大常委会	1996.11.03
安徽省			
1	安徽省大气污染防治条例	安徽省人大常委会	2018.09.30
2	安徽省环境保护条例	安徽省人大常委会	2017.11.20
3	巢湖流域城镇污水处理厂和工业行业主要水污染物排放限值	DB 34/2710—2016	2017.01.01
山西省			
1	山西省大气污染防治条例	山西省人大常委会	2018.11.30
2	山西省环境保护条例	山西省人大常委会	2017.03.01
3	山西省减少污染物排放条例	山西省人大常委会	2011.01.01
云南省			
1	云南省大气污染防治条例	云南省人大常委会	2018.11.29
2	云南省环境保护条例	云南省人大常委会	2004.06.29

续表

序号	法规、规章或标准名称	颁布单位或标准号	实施日期
贵州省			
1	贵州省大气污染防治条例	贵州省人大常委会	2018.11.29
2	贵州省环境保护条例	贵州省人大常委会	2009.03.26
3	贵州省环境噪声污染防治条例	贵州省人大常委会	2017.09.30
4	贵州省水污染防治条例	贵州省人大常委会	2018.11.29
5	贵州省污染物排放申报登记及污染物排放许可证管理办法	贵州省人民政府	2008.08.04
6	贵州省环境污染排放标准	DB 52/864—2013	2014.01.01
7	贵州省一般工业固体废物贮存、处置场污染控制标准	DB 52/865—2013	2014.01.01
青海省			
1	青海省大气污染防治条例	青海省人大常委会	2018.11.28
广西壮族自治区			
1	广西壮族自治区大气污染防治条例	广西壮族自治区人大常委会	2018.11.28
内蒙古自治区			
1	内蒙古自治区环境保护条例	内蒙古自治区人大常委会	1997.09.24
2	内蒙古自治区大气污染防治条例	内蒙古自治区人大常委会	2018.12.06
3	挥发性有机物排放标准 第5部分：表面涂装行业	DB 37/2801.5—2018	2018.10.23
新疆维吾尔自治区			
1	新疆维吾尔自治区大气污染防治条例	新疆维吾尔自治区人大常委会	2018.11.30
2	新疆维吾尔自治区环境保护条例	新疆维吾尔自治区人大常委会	2016.11.01
3	新疆维吾尔自治区危险废物污染环境防治办法	新疆维吾尔自治区人民政府	2010.01.20
4	新疆维吾尔自治区关于《水污染物排放许可证管理暂行办法》的实施细则	新疆维吾尔自治区人民政府	环境保护委员会第五次会议
宁夏回族自治区			
1	宁夏回族自治区大气污染防治条例	宁夏回族自治区人大常委会	2017.09.28

2.4 汽车维修业污染物排放限值

本节列出的污染物排放限值，均以国家有关排放标准为依据。有些省、市、自治区制定和发布了本地区的排放标准，则4S店及其他汽车维修企业在确定污染物排放限值时，应以本地区的排放标准为准。

（1）废气（GB 16297—1996）

新污染源大气污染物排放限值见表2-4。

表2-4 新污染源大气污染物排放限值（1997.1.1新建、扩建的单位）

污染物	最高允许排放浓度/（mg/m³）	最高允许排放速率/（kg/h）			无组织排放监控浓度限值	
		排气筒/m	二级	三级	监控点	浓度/（mg/m³）
苯	12	15 20 30 40	0.50 0.90 2.9 5.6	0.80 1.3 4.4 7.6	周界外浓度最高点	0.40
甲苯	40	15 20 30 40	3.1 5.2 18 30	4.7 7.9 27 46	周界外浓度最高点	2.4
二甲苯	70	15 20 30 40	1.0 1.7 5.9 10	1.5 2.6 8.8 15	周界外浓度最高点	1.2
非甲烷总烃	120（使用溶剂汽油或其他混合烃类物质）	15 20 30 40	10 17 53 100	16 27 83 150	周界外浓度最高点	4.0

（2）废水（GB 26877—2011）

自2012年1月1日起，新建企业执行表2-5规定的水污染物排放限值。自2013年1月1日起，现有企业执行表2-6规定的水污染物排放限值。

表2-5 新建企业污染物排放限值　　　　　　　　单位：mg/L

污染物项目	限值		污染物排放监控位置
	直接排放	间接排放	
pH值	6～9	6～9	企业总排放口
悬浮物（SS）	20	100	
化学需氧量（COD）	60	300	
五日生化需氧量（BOD_5）	20	150	
石油类	3	10	
阴离子表面活性剂（LAS）	3	10	
氨氮	10	25	
总氮	20	30	
总磷	0.5	3	

根据环境保护工作的要求，在国土开发密度已经较高、环境承载能力开始减弱，或环境容量较小、生态环境脆弱，容易发生严重水环境污染问题而需要采取特别保护措施的地区，应严格控制企业的污染物排放行为，在上述地区的企业执行表2-6规定的水污染物特别排放限值。执行水污染物特别排放限值的地域范围、时间，由国务院环境保护行政主管部门或省级人民政府规定。

表2-6 水污染物特别排放限值　　　　　　　　单位：mg/L

污染物项目	限值		污染物排放监控位置
	直接排放	间接排放	
pH值	6～9	6～9	企业废水总排放口
悬浮物（SS）	10	20	
化学需氧量（COD）	50	60	
五日生化需氧量（BOD_5）	10	20	
石油类	1	3	
阴离子表面活性剂（LAS）	1	3	
氨氮	5	10	
总氮	15	20	
总磷	0.5	0.5	

现有企业和新建企业单位基准排水量按表2-7的规定执行。

表2-7　现有企业和新建企业单位基准排水量　　　　　单位：m³/辆

车型	限值	污染物监控位置
小型客车	0.014	排水量计量位置与污染物排放监控位置相同
小型货车	0.05	
大、中型客车	0.06	
大型货车	0.07	

（3）噪声（GB 12348—2008）

工业企业厂界环境噪声排放限值见表2-8。

表2-8　工业企业厂界环境噪声排放限值　　　　　单位：dB（A）

厂界外声环境功能区类别	时段	昼间	夜间
0		50	40
1		55	45
2		60	50
3		65	55
4		70	55

（4）危险废物［《国家危险废品名录》（部令第39号）］

汽车维修过程中产生的危险废物主要包括废有机溶剂与含有机溶剂废物，废矿物油与含矿物油废物，染料、涂料废物，含汞废物，其他废物，废催化剂，详见表2-9。危险废物不得排放。

表2-9　汽车维修过程中产生的危险废物分类

废物类别	废物代码	名称及来源
废有机溶剂与含有机溶剂废物	HW06	零件清洗过程中废弃的有机溶剂、专业清洗剂，保养过程中更换的防冻液等
废矿物油与含矿物油废物	HW08	维修保养过程中废弃的柴油、机油、刹车油、液压油、润滑油、过滤介质（汽油、机油过滤器），清洗零件过程中废弃的汽油、柴油、煤油，以及沾染油污的棉丝、锯末等

续表

废物类别	废物代码	名称及来源
染料、涂料废物	HW12	维修过程中使用油漆（不包括水性漆）作业产生的废物：废油漆及漆渣，喷烤漆房使用后的空气过滤介质，沾染油漆的废纸、胶带等
含汞废物	HW29	废含汞荧光灯管及其他废含汞电光源
其他废物	HW49	废铅酸蓄电池、废油漆桶、废喷漆罐、废线路板、未引爆的安全气囊及安全带等
废催化剂	HW50	废汽车尾气净化催化剂

2.5 重要的国家环境法律制度

（1）环境影响评价制度

《中华人民共和国环境保护法》

第十九条　编制有关开发利用规划，建设对环境有影响的项目，应当依法进行环境影响评价。未依法进行环境影响评价的开发利用规划，不得组织实施；未依法进行环境影响评价的建设项目，不得开工建设。

第六十一条　建设单位未依法提交建设项目环境影响评价文件或者环境影响评价文件未经批准，擅自开工建设的，由负有环境保护监督管理职责的部门责令停止建设，处以罚款，并可以责令恢复原状。

《中华人民共和国环境影响评价法》

全文（略）。

（2）"三同时"制度和竣工验收制度

《中华人民共和国环境保护法》

第四十一条　建设项目中防治污染的设施，应当与主体工程同时设计、同时施工、同时投产使用。防治污染的设施应当符合经批准的环境影响评价文件的要求，不得擅自拆除或者闲置。

(3) 排污许可制度

《中华人民共和国环境保护法》

第四十五条 国家依照法律规定实行排污许可管理制度。

实行排污许可管理的企业事业单位和其他生产经营者应当按照排污许可证的要求排放污染物；未取得排污许可证的，不得排放污染物。

(4) 危险废物转移联单制度

《危险废物转移联单管理办法》（国家环境保护总局令第5号）

第四条 危险废物产生单位在转移危险废物前，须按照国家有关规定报批危险废物转移计划；经批准后，产生单位应当向移出地环境保护行政主管部门申请领取联单。

产生单位应当在危险废物转移前三日内报告移出地环境保护行政主管部门，并同时将预期到达时间报告接受地环境保护行政主管部门。

第五条 危险废物产生单位每转移一车、船（次）同类危险废物，应当填写一份联单。每车、船（次）有多类危险废物的，应当按每一类危险废物填写一份联单。

第六条 危险废物产生单位应当如实填写联单中产生单位栏目，并加盖公章，经交付危险废物运输单位核实验收签字后，将联单第一联副联自留存档，将联单第二联交移出地环境保护行政主管部门，联单第一联正联及其余各联交付运输单位随危险废物转移运行。

第七条 危险废物运输单位应当如实填写联单的运输单位栏目，按照国家有关危险物品运输的规定，将危险废物安全运抵联单载明的接受地点，并将联单第一联、第二联副联、第三联、第四联、第五联随转移的危险废物交付危险废物接受单位。

(5) 排污纳税制度

《中华人民共和国环境保护税法》

第二条 在中华人民共和国领域和中华人民共和国管辖的其他海域，直接向环境排放应税污染物的企业事业单位和其他生产经营者为环境保护税的纳税人，应当依照本法规定缴纳环境保护税。

第五条 依法设立的城乡污水集中处理、生活垃圾集中处理场所超过国家和地方规定的排放标准向环境排放应税污染物的，应当缴纳环境保护税。

企业事业单位和其他生产经营者贮存或者处置固体废物不符合国家和地方环境保护标准的，应当缴纳环境保护税。

第六条 环境保护税的税目、税额，依照本法所附《环境保护税税目税额表》执行。

应税大气污染物和水污染物的具体适用税额的确定和调整，由省、自治区、直辖市人民政府统筹考虑本地区环境承载能力、污染物排放现状和经济社会生态发展目标要求，在本法所附《环境保护税税目税额表》规定的税额幅度内提出，报同级人民代表大会常务委员会决定，并报全国人民代表大会常务委员会和国务院备案。

3

环境法律责任风险

汽车4S店与维修业环境管理实战指南

4S店及汽车维修企业所面临的法律风险来自企业没有履行或违反国家和地方相关的环境法律法规规定企业应履行的责任和合规要求，或由于环境问题对社会或环境造成了严重的影响。

本章列举和摘录了4S店和其他汽车维修企业违反涉及的国家法律法规所承担的法律风险。

3.1 刑法和环境保护法法律责任风险

《中华人民共和国刑法》
第六章　妨害社会管理秩序罪
第六节　破坏环境资源保护罪

第三百三十八条　违反国家规定，向土地、水体、大气排放、倾倒或者处置有放射性的废物、含传染病病原体的废物、有毒物质或者其他危险废物，造成重大环境污染事故，致使公私财产遭受重大损失或者人身伤亡的严重后果的，处3年以下有期徒刑或者拘役，并处或者单处罚金；后果特别严重的，处3年以上7年以下有期徒刑，并处罚金。

第三百三十九条　违反国家规定，将境外固定废物进境倾倒、堆放、处置的，处5年以下有期徒刑或者拘役，并处罚金；造成重大环境污染事故，致使公私财产遭受重大损失或者严重危害人体健康的，处5年以上10年以下有期徒刑，并处罚金；后果特别严重的，处10年以上有期徒刑，并处罚金。

未经国务院有关主管部门许可，擅自进口固体废物用作原料，造成重大环境污染事故，致使公私财产遭到重大损失或者严重危害人体健康的，处5年以下有期徒刑或者拘役，并处罚金；后果特别严重的，处5年以上10年以下有期徒刑，并处罚金。以原料利用为名，进口不能用作原料的固体废物的，依照本法第一百五十五条的规定定罪处罚。

第九章　渎职罪
第四百零八条　负有环境保护监督管理职责的国家机关工作人员严重

不负责任,导致发生重大环境污染事故,致使公私财产遭受重大损失或者造成人身伤亡的严重后果的,处3年以下有期徒刑或者拘役。

《中华人民共和国环境影响评价法》

第三十一条 建设单位未依法报批建设项目环境影响报告书、报告表,或者未依照本法第二十四条的规定重新报批或者报请重新审核环境影响报告书、报告表,擅自开工建设的,由县级以上环境保护行政主管部门责令停止建设,根据违法情节和危害后果,处建设项目总投资额百分之一以上百分之五以下的罚款,并可以责令恢复原状;对建设单位直接负责的主管人员和其他直接责任人员,依法给予行政处分。

建设项目环境影响报告书、报告表未经批准或者未经原审批部门重新审核同意,建设单位擅自开工建设的,依照前款的规定处罚、处分。

建设单位未依法备案建设项目环境影响登记表的,由县级以上环境保护行政主管部门责令备案,处五万元以下的罚款。

第三十二条 建设项目环境影响报告书、环境影响报告表存在基础资料明显不实,内容存在重大缺陷、遗漏或者虚假,环境影响评价结论不正确或者不合理等严重质量问题的,由设区的市级以上人民政府生态环境主管部门对建设单位处五十万元以上二百万元以下的罚款,并对建设单位的法定代表人、主要负责人、直接负责的主管人员和其他直接责任人员,处五万元以上二十万元以下的罚款。

接受委托编制建设项目环境影响报告书、环境影响报告表的技术单位违反国家有关环境影响评价标准和技术规范等规定,致使其编制的建设项目环境影响报告书、环境影响报告表存在基础资料明显不实,内容存在重大缺陷、遗漏或者虚假,环境影响评价结论不正确或者不合理等严重质量问题的,由设区的市级以上人民政府生态环境主管部门对技术单位处所收费用三倍以上五倍以下的罚款;情节严重的,禁止从事环境影响报告书、环境影响报告表编制工作;有违法所得的,没收违法所得。

编制单位有本条第一款、第二款规定的违法行为的,编制主持人和主要编制人员五年内禁止从事环境影响报告书、环境影响报告表编制工作;构成犯罪的,依法追究刑事责任,并终身禁止从事环境影响报告书、环境影响报告表编制工作。

《中华人民共和国环境保护法》

第六十三条　企业事业单位和其他生产经营者有下列行为之一，尚不构成犯罪的，除依照有关法律法规规定予以处罚外，由县级以上人民政府环境保护主管部门或者其他有关部门将案件移送公安机关，对其直接负责的主管人员和其他直接责任人员，处十日以上十五日以下拘留；情节较轻的，处五日以上十日以下拘留：

（一）建设项目未依法进行环境影响评价，被责令停止建设，拒不执行的；

（二）违反法律规定，未取得排污许可证排放污染物，被责令停止排污，拒不执行的；

（三）通过暗管、渗井、渗坑、灌注或者篡改、伪造监测数据，或者不正常运行防治污染设施等逃避监管的方式违法排放污染物的；

（四）生产、使用国家明令禁止生产、使用的农药，被责令改正，拒不改正的。

第六十四条　因污染环境和破坏生态造成损害的，应当依照《中华人民共和国侵权责任法》的有关规定承担侵权责任。

《建设项目环境保护管理条例》（国务院令第253号）

第二十三条　违反本条例规定，需要配套建设的环境保护设施未建成、未经验收或者验收不合格，建设项目即投入生产或者使用，或者在环境保护设施验收中弄虚作假的，由县级以上环境保护行政主管部门责令限期改正，处20万元以上100万元以下的罚款；逾期不改正的，处100万元以上200万元以下的罚款；对直接负责的主管人员和其他责任人员，处5万元以上20万元以下的罚款；造成重大环境污染或者生态破坏的，责令停止生产或者使用，或者报经有批准权的人民政府批准，责令关闭。

违反本条例规定，建设单位未依法向社会公开环境保护设施验收报告的，由县级以上环境保护行政主管部门责令公开，处5万元以上20万元以下的罚款，并予以公告。

3.2 污染物排放法律责任风险

（1）废水

《中华人民共和国水污染防治法》

第八十三条 违反本法规定，有下列行为之一的，由县级以上人民政府环境保护主管部门责令改正或者责令限制生产、停产整治，并处十万元以上一百万元以下的罚款；情节严重的，报经有批准权的人民政府批准，责令停业、关闭：

（一）未依法取得排污许可证排放水污染物的；

（二）超过水污染物排放标准或者超过重点水污染物排放总量控制指标排放水污染物的。

第八十五条 有下列行为之一的，由县级以上地方人民政府环境保护主管部门责令停止违法行为，限期采取治理措施，消除污染，处以罚款；逾期不采取治理措施的，环境保护主管部门可以指定有治理能力的单位代为治理，所需费用由违法者承担：

（一）向水体排放油类、酸液、碱液的；

（二）向水体排放剧毒废液，或者将含有汞、镉、砷、铬、铅、氰化物、黄磷等的可溶性剧毒废渣向水体排放、倾倒或者直接埋入地下的；

（三）在水体清洗装贮过油类、有毒污染物的车辆或者容器的；

（四）向水体排放、倾倒工业废渣、城镇垃圾或者其他废弃物，或者在江河、湖泊、运河、渠道、水库最高水位线以下的滩地、岸坡堆放、存贮固体废弃物或者其他污染物的；

（五）向水体排放、倾倒放射性固体废物或者含有高放射性、中放射性物质的废水的；

（六）违反国家有关规定或者标准，向水体排放含低放射性物质的废水、热废水或者含病原体的污水的；

（七）未采取防渗漏等措施，或者未建设地下水水质监测井进行监测的；

（八）加油站等的地下油罐未使用双层罐或者采取建造防渗池等其他有效措施，或者未进行防渗漏监测的；

（九）未按照规定采取防护性措施，或者利用无防渗漏措施的沟渠、坑塘等输送或者存贮含有毒污染物的废水、含病原体的污水或者其他废弃物的。

有前款第三项、第四项、第六项、第七项、第八项行为之一的，处二万元以上二十万元以下的罚款。有前款第一项、第二项、第五项、第九项行为之一的，处十万元以上一百万元以下的罚款；情节严重的，报经有批准权的人民政府批准，责令停业、关闭。

《城镇排水与污水处理条例》（国务院令第641号）

第四十九条 违反本条例规定，城镇排水与污水处理设施覆盖范围内的排水单位和个人，未按照国家有关规定将污水排入城镇排水设施，或者在雨水、污水分流地区将污水排入雨水管网的，由城镇排水主管部门责令改正，给予警告；逾期不改正或者造成严重后果的，对单位处10万元以上20万元以下罚款，对个人处2万元以上10万元以下罚款；造成损失的，依法承担赔偿责任。

第五十条 违反本条例规定，排水户未取得污水排入排水管网许可证向城镇排水设施排放污水的，由城镇排水主管部门责令停止违法行为，限期采取治理措施，补办污水排入排水管网许可证，可以处50万元以下罚款；造成损失的，依法承担赔偿责任；构成犯罪的，依法追究刑事责任。

违反本条例规定，排水户不按照污水排入排水管网许可证的要求排放污水的，由城镇排水主管部门责令停止违法行为，限期改正，可以处5万元以下罚款；造成严重后果的，吊销污水排入排水管网许可证，并处5万元以上50万元以下罚款，可以向社会予以通报；造成损失的，依法承担赔偿责任；构成犯罪的，依法追究刑事责任。

（2）废气

《中华人民共和国大气污染防治法》

第三十条 企业事业单位和其他生产经营者违反法律法规规定排放大气污染物，造成或者可能造成严重大气污染，或者有关证据可能灭失或者被隐匿的，县级以上人民政府环境保护主管部门和其他负有大气环境保护监督管理职责的部门，可以对有关设施、设备、物品采取查封、扣押等行政强制措施。

第四十四条 生产、进口、销售和使用含挥发性有机物的原材料和产品的，其挥发性有机物含量应当符合质量标准或者要求。

国家鼓励生产、进口、销售和使用低毒、低挥发性有机溶剂。

第四十五条 产生含挥发性有机物废气的生产和服务活动，应当在密闭空间或者设备中进行，并按照规定安装、使用污染防治设施；无法密闭的，应当采取措施减少废气排放。

第四十六条 工业涂装企业应当使用低挥发性有机物含量的涂料，并建立台账，记录生产原料、辅料的使用量、废弃量、去向以及挥发性有机物含量。台账保存期限不得少于三年。

第九十九条 违反本法规定，有下列行为之一的，由县级以上人民政府环境保护主管部门责令改正或者限制生产、停产整治，并处十万元以上一百万元以下的罚款；情节严重的，报经有批准权的人民政府批准，责令停业、关闭：

（一）未依法取得排污许可证排放大气污染物的；

（二）超过大气污染物排放标准或者超过重点大气污染物排放总量控制指标排放大气污染物的；

（三）通过逃避监管的方式排放大气污染物的。

第一百条 违反本法规定，有下列行为之一的，由县级以上人民政府环境保护主管部门责令改正，处二万元以上二十万元以下的罚款；拒不改正的，责令停产整治：

（一）侵占、损毁或者擅自移动、改变大气环境质量监测设施或者大气污染物排放自动监测设备的；

（二）未按照规定对所排放的工业废气和有毒有害大气污染物进行监测并保存原始监测记录的；

（三）未按照规定安装、使用大气污染物排放自动监测设备或者未按照规定与环境保护主管部门的监控设备联网，并保证监测设备正常运行的；

（四）重点排污单位不公开或者不如实公开自动监测数据的；

（五）未按照规定设置大气污染物排放口的。

第一百零八条　违反本法规定,有下列行为之一的,由县级以上人民政府环境保护主管部门责令改正,处二万元以上二十万元以下的罚款;拒不改正的,责令停产整治:

(一)产生含挥发性有机物废气的生产和服务活动,未在密闭空间或者设备中进行,未按照规定安装、使用污染防治设施,或者未采取减少废气排放措施的;

(二)工业涂装企业未使用低挥发性有机物含量涂料或者未建立、保存台账的。

第一百一十二条　违反本法规定,以临时更换机动车污染控制装置等弄虚作假的方式通过机动车排放检验或者破坏机动车车载排放诊断系统的,由县级以上人民政府环境保护主管部门责令改正,对机动车所有人处五千元的罚款;对机动车维修单位处每辆机动车五千元的罚款。

第一百二十条　违反本法规定,从事服装干洗和机动车维修等服务活动,未设置异味和废气处理装置等污染防治设施并保持正常使用,影响周边环境的,由县级以上地方人民政府环境保护主管部门责令改正,处二千元以上二万元以下的罚款;拒不改正的,责令停业整治。

第一百二十三条　违反本法规定,企业事业单位和其他生产经营者有下列行为之一,受到罚款处罚,被责令改正,拒不改正的,依法作出处罚决定的行政机关可以自责令改正之日的次日起,按照原处罚数额按日连续处罚:

(一)未依法取得排污许可证排放大气污染物的;

(二)超过大气污染物排放标准或者超过重点大气污染物排放总量控制指标排放大气污染物的;

(三)通过逃避监管的方式排放大气污染物的。

(3)危险废物

《最高人民法院最高人民检察院关于办理环境污染刑事案件适用法律若干问题的解释》(法释〔2016〕29号,20170101)

第一条　非法排放、倾倒、处置危险废物三吨以上的,应当认定为"严重污染环境",构成污染环境罪。

第七条　明知他人无危险废物经营许可证,向其提供或者委托其收集、贮存、利用、处置危险废物，严重污染环境的，以共同犯罪论处。

《中华人民共和国固体废物污染环境防治法》

第十四条 建设项目的环境影响评价文件确定需要配套建设的固体废物污染环境防治设施，必须与主体工程同时设计、同时施工、同时投入使用。固体废物污染环境防治设施必须经原审批环境影响评价文件的环境保护行政主管部门验收合格后，该建设项目方可投入生产或者使用。对固体废物污染环境防治设施的验收应当与对主体工程的验收同时进行。

第十六条 产生固体废物的单位和个人，应当采取措施，防止或者减少固体废物对环境的污染。

第十七条 收集、贮存、运输、利用、处置固体废物的单位和个人，必须采取防扬散、防流失、防渗漏或者其他防止污染环境的措施；不得擅自倾倒、堆放、丢弃、遗撒固体废物。禁止任何单位或者个人向江河、湖泊、运河、渠道、水库及其最高水位线以下的滩地和岸坡等法律、法规规定禁止倾倒、堆放废弃物的地点倾倒、堆放固体废物。

第二十一条 对收集、贮存、运输、处置固体废物的设施、设备和场所，应当加强管理和维护，保证其正常运行和使用。

第二十三条 转移固体废物出省、自治区、直辖市行政区域贮存、处置的，应当向固体废物移出地的省、自治区、直辖市人民政府环境保护行政主管部门提出申请。移出地的省、自治区、直辖市人民政府环境保护行政主管部门应当商经接受地的省、自治区、直辖市人民政府环境保护行政主管部门同意后，方可批准转移该固体废物出省、自治区、直辖市行政区域。未经批准的，不得转移。

第三十条 产生工业固体废物的单位应当建立、健全污染环境防治责任制度，采取防治工业固体废物污染环境的措施。

第三十二条 国家实行工业固体废物申报登记制度。产生工业固体废物的单位必须按照国务院环境保护行政主管部门的规定，向所在地县级以上地方人民政府环境保护行政主管部门提供工业固体废物的种类、产生量、流向、贮存、处置等有关资料。前款规定的申报事项有重大改变的，应当及时申报。

第五十二条 对危险废物的容器和包装物以及收集、贮存、运输、处置危险废物的设施、场所，必须设置危险废物识别标志。

第五十三条　产生危险废物的单位，必须按照国家有关规定制定危险废物管理计划，并向所在地县级以上地方人民政府环境保护行政主管部门申报危险废物的种类、产生量、流向、贮存、处置等有关资料。前款所称危险废物管理计划应当包括减少危险废物产生量和危害性的措施以及危险废物贮存、利用、处置措施。危险废物管理计划应当报产生危险废物的单位所在地县级以上地方人民政府环境保护行政主管部门备案。本条规定的申报事项或者危险废物管理计划内容有重大改变的，应当及时申报。

第五十五条　产生危险废物的单位，必须按照国家有关规定处置危险废物，不得擅自倾倒、堆放；不处置的，由所在地县级以上地方人民政府环境保护行政主管部门责令限期改正；逾期不处置或者处置不符合国家有关规定的，由所在地县级以上地方人民政府环境保护行政主管部门指定单位按照国家有关规定代为处置，处置费用由产生危险废物的单位承担。

第五十八条　收集、贮存危险废物，必须按照危险废物特性分类进行。禁止混合收集、贮存、运输、处置性质不相容而未经安全性处置的危险废物。贮存危险废物必须采取符合国家环境保护标准的防护措施，并不得超过一年；确需延长期限的，必须报经原批准经营许可证的环境保护行政主管部门批准；法律、行政法规另有规定的除外。禁止将危险废物混入非危险废物中贮存。

第七十五条　违反本法有关危险废物污染环境防治的规定，有下列行为之一的，由县级以上人民政府环境保护行政主管部门责令停止违法行为，限期改正，处以罚款：

（一）不设置危险废物识别标志的；

（二）不按照国家规定申报登记危险废物，或者在申报登记时弄虚作假的；

（五）将危险废物提供或者委托给无经营许可证的单位从事经营活动的；

（六）不按照国家规定填写危险废物转移联单或者未经批准擅自转移危险废物的；

（七）将危险废物混入非危险废物中贮存的；

（八）未经安全性处置，混合收集、贮存、运输、处置具有不相容性质的危险废物的。

（十一）未采取相应防范措施，造成危险废物扬散、流失、渗漏或者造成其他环境污染的；

（十三）未制定危险废物意外事故防范措施和应急预案的。

有前款第一项、第二项、第七项、第八项、第九项、第十项、第十一项、第十二项、第十三项行为之一的，处一万元以上十万元以下的罚款；有前款第三项、第五项、第六项行为之一的，处二万元以上二十万元以下的罚款。

第七十六条　违反本法规定，危险废物产生者不处置其产生的危险废物又不承担依法应当承担的处置费用的，由县级以上地方人民政府环境保护行政主管部门责令限期改正，处代为处置费用一倍以上三倍以下的罚款。

（4）噪声

《中华人民共和国环境噪声污染防治法》

第十九条　在城市范围内从事生产活动确需排放偶发性强烈噪声的，必须事先向当地公安机关提出申请，经批准后方可进行。当地公安机关应当向社会公告。

第二十三条　在城市范围内向周围生活环境排放工业噪声的，应当符合国家规定的工业企业厂界环境噪声排放标准。

第二十四条　在工业生产中因使用固定的设备造成环境噪声污染的工业企业，必须按照国务院生态环境主管部门的规定，向所在地的县级以上地方人民政府生态环境主管部门申报拥有的造成环境噪声污染的设备的种类、数量以及在正常作业条件下所发出的噪声值和防治环境噪声污染的设施情况，并提供防治噪声污染的技术资料。

造成环境噪声污染的设备的种类、数量、噪声值和防治设施有重大改变的，必须及时申报，并采取应有的防治措施。

第二十五条　产生环境噪声污染的工业企业，应当采取有效措施，减轻噪声对周围生活环境的影响。

第四十八条　违反本法第十四条的规定，建设项目中需要配套建设的环境噪声污染防治设施没有建成或者没有达到国家规定的要求，擅自投入生产或者使用的，由批准该建设项目的环境影响报告书的环境保护行政主管部门责令停止生产或者使用，可以并处罚款。

第四十九条　违反本法规定，拒报或者谎报规定的环境噪声排放申报事项的，县级以上地方人民政府生态环境主管部门可以根据不同情节，给予警告或者处以罚款。

第五十条　违反本法第十五条的规定，未经生态环境主管部门批准，擅自拆除或者闲置环境噪声污染防治设施，致使环境噪声排放超过规定标准的，由县级以上地方人民政府生态环境主管部门责令改正，并处罚款。

第五十一条　违反本法第十六条的规定，不按照国家规定缴纳超标准排污费的，县级以上地方人民政府生态环境主管部门可以根据不同情节，给予警告或者处以罚款。

第五十二条　违反本法第十七条的规定，对经限期治理逾期未完成治理任务的企业事业单位，除依照国家规定加收超标准排污费外，可以根据所造成的危害后果处以罚款，或者责令停业、搬迁、关闭。

前款规定的罚款由生态环境主管部门决定。责令停业、搬迁、关闭由县级以上人民政府按照国务院规定的权限决定。

第五十四条　违反本法第十九条的规定，未经当地公安机关批准，进行产生偶发性强烈噪声活动的，由公安机关根据不同情节给予警告或者处以罚款。

3.3　地方法规责任风险

除了国家层面的法律法规责任风险，4S店及其他汽车维修企业还必须承担企业所在地人大常委会和政府部门制定的相关地方法规和规章所规定的责任风险。

由于各地几乎都有自己的地方环境法规，而且涉及的内容有较大的差异，本书对汽车维修企业应该承担的地方法规责任不再赘述，读者如需要详细了解，可向当地生态环境管理部门索取。

4 污染防治及良好实践

近年来，汽车维修企业特别是4S店对环保问题越来越重视，尤其是对危险固体废物的管理和喷漆工序产生的挥发性有机物废气的处理，越来越多的4S店投入比较大的资金建设环境设施和污染处理设备，尽量降低环境问题给4S店带来的法律风险。这是一个好的趋势。然而，还有很多4S店特别是一般的汽车维修企业对污染防治的思路和防治技术缺乏了解，导致在摸索中造成浪费，或者不知道应该从何处下手。下面介绍污染防治的思路和一些汽车维修企业的良好实践，供参考。

4.1 污染防治原则

污染防治的原则如下。

① 防和治结合，以防为主。在防的方面，考虑改进工艺、加快产生污染材料的替代，同时加强生产过程和资源使用管理，从源头削减污染物产生和防止资源浪费；在治的方面，考虑各种治理技术措施的综合利用，减少和合理处置污染物。

② 技术和经济结合。制定综合和系统的防治方案，考虑技术上的先进性和经济上的合理性。

③ 正确理解和善用排放标准。国家和地方的污染物排放标准，是国家和地方政府在充分考虑污染物排放总量和自然净化能力后确定的经济合理的排污限值和排放方式，所以企业首先必须遵守国家或地方政府污染物排放标准，在此前提下权衡自身的经济能力和改善环境的意愿，合理投入以节约治理费用，避免不必要的治理能力过度过剩。

具体的污染综合防治思路如图4-1所示。

图4-1　污染综合防治思路

（1）源头控制

源头控制是一种污染预防的控制方式，要求在源头削减或消除污染物,尽量减少污染物的产生量。这是一种治本的措施,是一种通过原料替代、革新生产工艺等措施,在技术进步的同时控制污染的方法,是有效控制污染的方向。

例如,使用低挥发性有机物含量的原辅材料就是源头控制方法在汽车维修企业应用的一个很好的例子。汽车维修企业挥发性有机物排放主要来源于修补用料,包括底漆、面漆、清漆、稀释剂、固化剂。按照溶剂性质分为水性涂料和溶剂型涂料,溶剂型涂料主要包括聚酯-聚氨酯类涂料、丙烯酸-聚氨酯类涂料、热塑性丙烯酸树脂类涂料、硝基纤维素类涂料等。修补漆中底漆和清漆仍以溶剂型为主,而面漆水性漆技术比较成熟,越来越多的高端品牌4S店开始选用水性漆作为面漆原料。目前市场上常用的底漆、面漆、清漆及稀释剂、固化剂的溶剂型VOCs含量和水性VOCs含量见表4-1。

表4-1 常用修补漆VOCs含量

类型	VOCs含量/%	
	溶剂型	水性
底漆	30	—
面漆	60～70	10～30
罩光清漆	40～50	—
固化剂	40～65	—
稀释剂	100	<5

水性面漆和稀释剂中VOCs含量远低于溶剂型,采用水性涂料替代,可以有效减少挥发性有机物的量。除水性涂料外,还有高固体分(High Solid Coat)涂料、粉末涂料、无溶剂涂料、辐射固化涂料等,依照工艺、质量要求选择合适的低挥发性有机物含量的原料替代,可以有效减少VOCs的排放。

其中,高固体分涂料是随着环境保护要求进一步强化和涂料制造技术提高而产生的一种涂料。一般固体分在65%～85%的涂料可称为高固体分涂料,其发展极致就是无溶剂涂料或称活性溶剂涂料。高固体分涂料主要运用于汽车工业,特别是作为轿车的面漆和中涂层。由于使用过程中不产生有机废气,目前在美国和日本已大量运用。

粉末涂料是以固体树脂和颜料、填料及助剂等组成的固体粉末状合成树脂涂料。与普通溶剂型涂料和水性涂料不同，它的分散介质不是溶剂和水，而是空气，因此它的使用没有溶剂污染。粉末涂料有热塑性和热固性两大类。其中热固性涂料形成的漆膜外观和各种力学性能及耐腐蚀性均能满足汽车涂饰的要求。

按照环保部门对汽车维修企业的原料使用情况统计，到2016年我国低挥发性有机物涂料替代比例只占到6%左右，挥发性有机物排放控制目前仍以末端治理为主。可见，在喷涂工序使用低挥发性有机物涂料替代材料以及更高环保要求的材料、实施源头控制的方法以减少污染物排放，是以后相当长时间的发展方向。

（2）过程管理

过程管理就是对产生污染的生产过程进行控制，包括对人、机、料、法的控制，以减少污染物的排放。

例如，在原料漆调配、使用过程中按照要求对涂料、稀释剂等原料的贮存、运输、调配及使用过程进行管理，运输过程中保证原料密封良好，避免泄漏损坏；使用过程中随取随开，用后马上封闭漆桶以减少挥发，使用完毕的漆桶立即密封保存。又如，使用喷涂效率较高的喷枪，加强对操作人员的培训，提高涂料的使用效率，减少挥发性有机物的排放。

过程管理涉及人员多、涉及面广，所以企业必须识别生产过程可能产生环境影响的环境因素，确定对这些环境因素的控制方法和管理方法，对相关人员进行培训，确保在生产运行中控制污染的产生。具体的方法在本书第5章中讲述。

（3）末端治理

末端治理是采取一系列措施对生产活动中产生的废物进行治理，以减少排放到环境中的废物总量。这是传统的污染控制方式。由于末端治理是一种治标的措施，投资大，效果差。末端治理投资一般难以在投资期内收回，加上常年运转费用，所以末端治理是一种迫不得已的做法。4S店喷漆过程对产生的废气进行收集及过滤、吸附处理等，就是典型的末端治理的例子。

在4S店中，采用废气收集装置收集调漆、喷漆和烘干过程中所产生的废气，并通过治理技术进行处理，减少排放废气中的挥发性有机物浓度，以期达标排放。由于喷漆和烘干过程中产生废气的排放特点为不连续排放，排放浓度较低，采取的治理措施主要是活性炭吸附法。活性炭吸附法通过定期更换颗粒活性炭吸附喷烤漆房中排放的挥发性有机物，这种方法目前在汽车维修业中普遍采用。目前绝大多数4S店所采用的活性炭是在喷烤漆房购买后由设备商配套提供的，活性炭添加量设计是固定的（约75kg/喷房），需要定期更换，更换期一般为3个月。但是由于各汽车维修企业的喷烤漆数量不同，所需使用的活性炭量也不同，喷烤漆数量较大的企业会在更换期前达到活性炭的最大吸附量，造成吸附穿透，使活性炭失效。

4.2 喷涂有机废物废气处理工艺

目前对喷涂有机废物废气的处理工艺主要有热力燃烧法、催化燃烧法、有机溶剂吸收法、活性炭吸附法、生物法、低温等离子体技术、光催化氧化、沸石转轮浓缩等。

（1）热力燃烧法

在高温下有机废气与燃料气充分混合，实现完全燃烧。适用于处理高浓度、小气量的可燃性气体，净化效率高，有机废气被彻底氧化分解。缺点是设备易腐蚀，处理成本高，易形成二次污染。热力燃烧法工艺流程如图4-2所示。

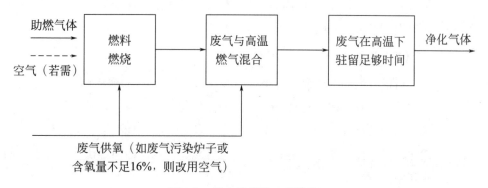

图4-2 热力燃烧法工艺流程

（2）催化燃烧法

在催化剂的作用下，使有机废气中的碳氢化合物在温度较低的条件下迅速氧化成水和二氧化碳，达到治理的目的。缺点是催化剂易中毒，投入成本高。催化燃烧法工艺流程如图4-3所示。

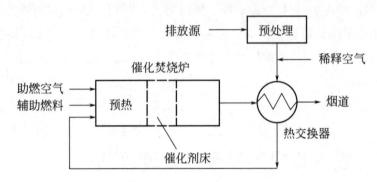

图4-3　催化燃烧法工艺流程

（3）有机溶剂吸收法

利用有机废气易溶于有机溶剂（柴油、煤油等）的特性，废气直接与吸收液接触，从而溶解于有机溶剂，达到去除废气的效果。适用于水溶性、有组织排放源的有机气体，工艺简单，管理方便，设备运转费用较低。缺点是产生二次污染，需对洗涤液进行处理，净化效率低。

（4）活性炭吸附法

利用活性炭吸附有机废气，适用于处理低浓度有机废气。净化效率高，成本低。缺点是再生较困难，需要不断更换活性炭。活性炭吸附法工艺流程如图4-4所示。

（5）生物法

利用微生物的生命过程把废气中的气态污染物分解转化成危害小甚至无害物质。自然界中存在各种各样的微生物，几乎所有无机的和有机的污染物都能转化。生物处理不需要再生和其他高级处理过程，与其他净化法相比，具有设备简单、能耗低、安全可靠、无二次污染等优点，但不能回收利用污染物质。

4 污染防治及良好实践

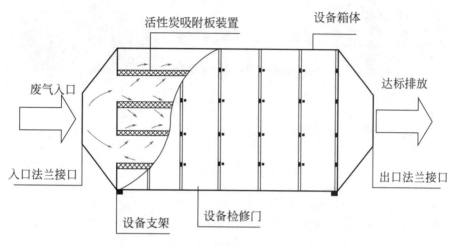

图4-4 活性炭吸附法工艺流程

（6）低温等离子体技术

介质被阻挡在放电过程中，等离子体内部产生富含极高化学活性的粒子，如电子、离子、自由基和激发态分子等，废气中的污染物质与这些具有较高能量的活性基团发生反应，最终转化为 CO_2 和 H_2O 等物质，从而达到净化废气的目的。适用范围广，净化效率高；电子能量高，几乎可以和所有的气体分子作用；运行费用低；反应快，设备启动、停止十分迅速，随用随开。缺点是一次性投资较高，存在安全隐患。

（7）光催化氧化

光催化氧化处理技术是利用特种紫外光波段（C波段），在特种催化氧化剂的作用下，将废气分子破碎并进一步氧化还原的一种特殊处理方式。废气分子先经过特殊波段高能紫外光波破碎有机分子，打断其分子链；同时，通过分解空气中的氧和水，得到高浓度臭氧，臭氧进一步吸收能量，形成氧化性能更高的自由羟基，氧化废气分子。同时根据不同的废气成分配置多种复合惰性催化剂，大大提高了废气处理的速度和效率，从而达到对废气进行净化的目的。缺点是催化剂昂贵。光催化氧化工艺流程如图4-5所示，光催化氧化净化器如图4-6所示。

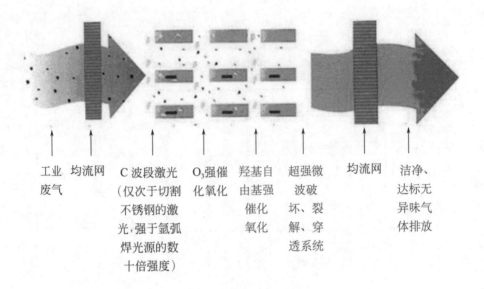

图4-5 光催化氧化工艺流程

图4-6 光催化氧化净化器

（8）沸石转轮浓缩

沸石转轮浓缩设备是利用吸附-脱附-浓缩三相连续变温的吸、脱附程序，使低浓度、大流量有机废气浓缩为高浓度浓缩气体。其装置适合处理低浓度、大流量、含多种有机成分的废气，通过转轮的旋转，可在转轮上同时完成气体的脱附和转轮的再生过程。进入浓缩转轮的有机废气在常温下被转轮吸附区吸附净化后直接排放至大气，接着因转轮的转动而进入脱附区，吸附了有机物质的转轮在此区内脱附，吸附在转轮上的有机物被分

4 污染防治及良好实践

离、脱附、进入后续处理系统，如此循环工作。缺点是设备投资高。沸石转轮浓缩工艺流程如图4-7所示。

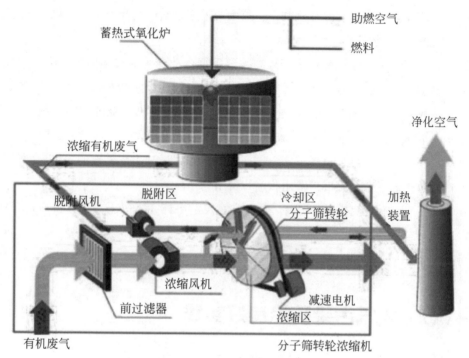

图4-7 沸石转轮浓缩工艺流程

不同有机废气处理工艺的技术难易程度、设备成本、运行成本比较见表4-2。

表4-2 不同有机废气处理工艺比较

技术名称	技术难易程度	设备成本	运行成本
热力燃烧法	难	高	高
催化燃烧法	难	高	高
吸收法	易	低	中
吸附法	易	低	中
生物法	易	中	低
低温等离子体技术	难	中	低
光催化氧化	难	中	低
沸石转轮浓缩	难	高	中

出于对各种技术的投资成本、技术和工艺成熟程度以及治理效果等因素的综合考虑，目前我国汽车维修企业大多采用活性炭吸附法处理喷、烤漆过程中的挥发性有机物，少数企业采用了活性炭吸附＋光催化氧化处理方法。

企业具体采用什么处理方案要根据企业现场的实际情况如涂料种类、喷涂工具、喷烤漆房的运行参数以及现有处理设施情况来确定。笔者的建议是企业投入的设施要适合4S店及其他汽车维修企业的实际情况，处理效果能够达到污染物排放要求稍有余量即可，这样可以避免企业投入太多，造成资金和资源浪费，同时还要考虑尽量减少因处理能力过剩而长期负担的多余设施维护费用和运行费用。

（由于具体情况复杂，解决方案灵活多样，本书不具体展开叙述，如有需要，可联系笔者共同探讨）

4.3 大气污染防治良好实践

汽车维修过程中产生的主要大气污染物可以划分为粉尘、挥发性有机物以及汽车尾气、加热装置尾气等，对于大气污染防治主要通过操作设施密闭化、物料使用高效化、废气处理规范化等措施进行。

（1）挥发性有机物防治

挥发性有机物是造成雾霾的关键因素之一，也是汽车维修过程的特征污染物，主要来源于喷涂过程。目前的主流处理工艺为"过滤棉＋活性炭吸附"的工艺，根据《北京市工业污染源挥发性有机物（VOCs）总量减排核算细则》，该工艺对挥发性有机物的去除效率为80%，实际运行过程中，由于活性炭填料使用量少、更换频次低，实际净化效果较差。

北京市实施的《汽车维修业环境污染防治技术规范》（DB11/T 1426—2017）要求从原料调配、使用、排放全流程进行污染控制，减少废气的产生和排放，贯彻了防治结合、以防为主的原则，值得4S店及其他汽车维修企业学习和采用。有机废气的主要产生点在调漆室和喷漆室，调漆室的

> 4 污染防治及良好实践

管理相对薄弱，多数没有进行密闭，建议调漆室内压力应为负压，设置专门的密闭调漆室，并安装集气系统，保证调配环节产生的有机废气经集气系统导入挥发性有机物控制设施，达标排放。使用有机溶剂清洗喷枪应在密闭清洗机或在调漆室内进行，禁止在开放空间操作。

部分企业在进行车身喷涂时能够在喷漆室内操作，而一些部件如发动机盖、叶子板、门等，通常使用喷漆架在车间内进行，这种现象会导致有机废气和漆雾的无组织排放，不仅危害员工健康，也会导致环境污染，应予以禁止，要求喷涂作业统一在密闭的喷漆室内进行。

随着水性漆使用比例的提升，污染强度已经大大降低，有些维修企业在开放场所或隔离帘内进行中涂或色漆喷涂，但是喷涂中会有相当部分（超过50%）的涂料颗粒进入车间，应予以禁止。要求 喷漆、烘干应在密闭喷烤漆房内进行，产生的漆雾和有机废气应集中收集并导入废气处理装置。

图4-8是某4S店的废气收集处理现场，调漆作业和喷枪清洗作业在密闭的房间内进行，产生的废气导入喷烤漆房废气管道统一进行光催化氧化处理。同时，排气筒的高度超过15米，符合汽车维修业废气排放标准的要求。

喷漆室是产生有机污染物的重点部位，目前大多数汽车维修企业多使用活性炭吸附法进行处理。一般湿度为10%以下的活性炭颗粒对甲苯的最大吸附容量在30%以上，这就意味着需要频繁更换活性炭填料。有些企业一年仅更换2～3次，每次仅有20～50kg，远远不能够满足废气处理量的要求。为了能够达标，企业在更换活性炭后进行废气监测，这种达标仅能维持短时间，更长时间内处于超标排放。此外，有机废气净化

图4-8 废气集中收集处理案例

装置应按照《涂装作业安全规程 有机废气净化装置安全技术规定》(GB 20101—2006)的要求,在气体进、出口应设置压差计,监测气体通过吸附剂的压差。压差过低则可能吸附剂过少或填充不均,造成有机废气停留时间过短;压差过高则意味着吸附剂已经饱和或被漆雾堵塞,需要及时更换。

基于以上情况并结合相关国家法律法规和技术标准,良好的实践可包括(但不限于)以下几方面。

① 汽车修补涂料主要包括腻子、底漆、中涂、面漆(底色漆、本色面漆)、清漆几种,在使用过程中相应添加稀释剂、固化剂等,限制涂料中挥发性有机物的含量,直接从源头减少挥发性有机物。

② 涂料的使用情况与挥发性有机物处理系统的运行直接相关,因此必须记录使用的涂料、稀释剂、固化剂、清洗剂等原辅材料的种类、数量及挥发性有机物的含量,至少保存3年。

③ 调漆作业应在密闭空间内进行,产生的有机废气应经活性炭等净化设施处理后排放。目前,调漆环节管理比较薄弱,多为敞开式,使用溶剂进行调制时,挥发出来的挥发性有机物气体直接排入环境或车间内,造成无组织排放,对企业员工和周边环境造成危害。图4-9所示为一个敞开式不规范调漆作业现场。调漆室废气应收集并入喷烤漆房废气处理系统(图4-10)。

图4-9 敞开式调漆作业现场

④ 喷漆作业应采用高效喷涂设备，如使用HVLP喷枪（图4-11）。高效喷枪主要为高流量低压力（HVLP）喷枪，利用高空气流量及低雾化气压，令涂料传递效率提升，在提高涂料附着率的同时达到减少有机废气排放及涂料用量的目的，最终从源头减少挥发性有机物。

图4-10　调漆室废气收集并入喷烤漆房废气处理系统　　图4-11　HVLP喷枪

⑤ 采用密闭洗枪设备或在密闭设施内并使用有机溶剂清洗喷枪（图4-12、图4-13），同时配备挥发性有机物处理设施。图4-14和图4-15所示的情况应杜绝。

图4-12　喷枪清洗在密闭的设备里进行　　图4-13　密闭式喷枪清洗机

图4-14 油漆桶没有封盖

图4-15 喷枪清洗没有封闭

⑥ 所有喷漆和烤漆作业应在图4-16所示密闭喷烤漆房内进行，废气集中收集经挥发性有机物处理设施处理后排放。

目前，部分汽修企业进行中涂或小面积喷涂时，由于对操作场所的洁净度要求较低，直接在车间内开放区域喷涂和烘烤，造成有机废气的无组织排放。这种作业是不良作业。

图4-16 密闭喷烤漆房

⑦ 喷烤漆房排气筒排放的污染物浓度、调漆室排气筒排放的污染物浓度、无组织排放监控点大气污染物浓度应符合GB 16297—1996的要求；排气筒高度不低于15米；排气筒应设置废气采样平台和采样口（图4-17），废气排放口图形标志按GB 15562.2—1995的要求。图4-18所示

> 4 污染防治及良好实践

为一种良好的喷漆废气治理及监测流程,布袋过滤+活性炭吸附如图4-19所示。

图4-17 合理的废气采样平台和采样口

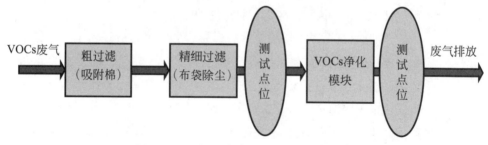

图4-18 良好的喷漆废气治理及监测流程

图4-19 布袋过滤+活性炭吸附

⑧ 采用非原位再生吸附处理工艺，按要求确定吸附剂的使用量及更换周期，且1万立方米/小时设计风量的吸附剂使用量不应小于1立方米，更换周期不应长于3个月。

⑨ 采用煤质颗粒活性炭为吸附剂时，其性能参数应符合GB/T 7701.1—2008的要求。

⑩ 挥发性有机物吸附处理设施应按照GB 20101—2006的要求在进、出口风管设置压差计，以测定经过设施的气流阻力（压降），压差宜控制在300～350Pa。超出此范围应及时对处理设施进行维护。

⑪ 异位再生或废弃的吸附剂在转移处理之前采用密闭容器贮存，防止被吸附的挥发性有机物挥发。

⑫ 建立挥发性有机物处理设施运行台账，至少保存3年。

（2）其他废气污染物防治

除了有机废气污染外，粉尘、汽车尾气、喷烤漆房加热炉的尾气也是不可忽视的大气污染源，应进行收集处理。

① 粉尘主要来源于钣喷工序打磨过程和干磨过程。为了防止钣金粉尘和干磨粉尘无组织排放，部分企业已经对钣金作业区和干磨作业区进行全封闭，钣金作业区设置专用工位（图4-20），切割、焊接和打磨工位保持负压或设置隔离帘，并配备固定式或摇臂式、移动式除尘装置，焊接烟气集中收集处理（图4-21）；在密闭空间进行钣金作业同时能够降低噪声。干磨作业的两个良好实践如图4-22和图4-23所示。

图4-20 全封闭钣金工位

图4-21 焊接烟气收集有组织排放

4 污染防治及良好实践

图4-22　干磨作业在隔离帘封顶作业区内进行

图4-23　干磨作业在密闭干磨房内进行

去除残留漆层、找平原子灰采用干磨工艺,这是产生粉尘的主要来源。使用无尘干磨机能够有效减少粉尘排放(图4-24)。

② 机修、调试工位设置汽车尾气收集净化装置。机修和调试工位需要启动车辆,此时汽车排放的尾气浓度较高,需对发动机空转时的尾气进行收集,并采用活性炭净化处理,有组织排放。

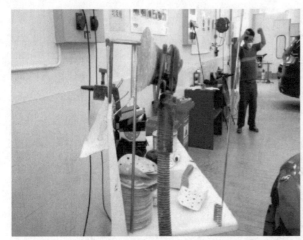

图 4-24　使用无尘干磨机进行作业

③ 喷烤漆房加热装置不使用煤、废油作为燃料，非电加热装置应设置专门的废气排放口，排气污染物浓度和排气筒高度应满足 GB 16297—1996 的要求。

废油为危险废物，不能作为燃料，煤无法满足现行的排放标准，目前在用喷烤漆房有燃气式、燃油式和电加热式，燃气和燃油喷烤漆房应设置排放口，并满足排放要求。

建议采用电加热喷烤漆房，或将燃气、燃油加热喷烤漆房改造为电加热烤漆房，以减少燃烧尾气的排放。

4.4　水污染防治良好实践

汽车维修过程的废水主要来源于清洗零件和洗车。清洗零件废水量不大，但一般含有油污，应使用隔油设施进行隔油处理。由于汽车发动机及变速箱零部件的清洗过程会产生相对较多的废水，建议 4S 店及其他汽车维修企业积极使用交通运输部"汽车绿色维修工程"（十二五）重点推广的超声波清洗机，清洗过程中产生的含油废水应集中收集，并采用截油器、油水分离器等除油设施进行处理，既能够提高清洗效果，又可以减少

4 污染防治及良好实践

废液的产生。

洗车用水量大，废水中主要杂质为泥沙，可以通过沉淀、过滤的方式进行净化循环利用。洗车房配备的水循环设施，水循环利用率不应低于70%；在市政再生水管网覆盖的区域，应使用再生水作为清洗用水；洗车废水不能直接排入雨水管道。

目前市面上有专门为4S店设计的洗车水循环处理设备，设计精致，出水水质达到洗车用水标准，有的节水率高达80%以上，建议4S店选择使用。

按GB 15562.1—1995的要求设置废水总排放口并设置永久性排污口标志。无论是维修过程中产生的废水，还是洗车过程中产生的废水，都应通过总排放口排放到市政污水管道，任何污水不能排放到雨水管道。排放的污染物浓度应符合GB 26877—2011的要求。图4-25所示为雨污混流的不良案例。良好实践如图4-26所示。

图 4-25　将洗车废水直接排放到雨水管道

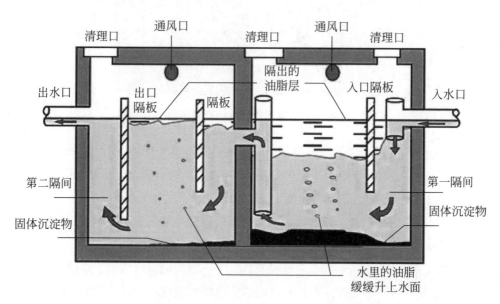

图 4-26　洗车废水排入污水管道前通过隔油池隔油处理

4.5 危险废物管理良好实践

① 危险废物分类（表2-9）收集贮存，贮存设施的设计、建设应符合GB 18597—2001的要求，并按照GB 15562.2—1995的规定设置警示标志（图4-27）。

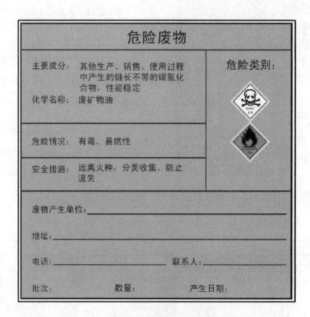

图4-27　危险固体废物贮存警示标志

② 尽量采用机油通过管道集中供给的方式（图4-28），以减少废油桶产生量；收集废油采用封闭容器（图4-29），减少废油转移过程中的遗洒。废机油贮存场应防雨防泄漏（图4-30）。

③ 废矿物油、废有机溶剂等液态危险废物盛装量不应超过容器容积的3/4，避免盛装过满导致遗洒。

④ 废有机溶剂和涂料都具有挥发性，因此废有机溶剂、废涂料、沾有涂料的棉纱等含有挥发性有机物的危险废物应放入具有标识的密闭容器中贮存（图4-31）。

> 4 污染防治及良好实践

图4-28 机油通过管道集中供给

图4-29 废机油收集采用密闭装置

图4-30 废机油贮存场所防雨防泄漏

图4-31 废涂料密封存放

⑤ 完整的废弃铅酸蓄电池贮存在危险废物库房内,破损的废弃铅酸蓄电池贮存在耐酸容器中避免腐蚀和泄漏。

⑥ 危险废物应交由持有相应危险废物经营许可证的单位处置,并执行转移联单制度;建立危险废物管理台账,记录各类危险废物相关原材料、配件等的购置数量,危险废物产生的种类和数量、贮存、利用、处置等情况,记录保存至少3年。

4.6 噪声防治良好实践

汽车维修企业一般靠近住宅区或商业区,噪声排放会干扰周边居民的日常生活。因此，产生噪声的工序应在室内进行（图4-32），禁止露天操作，必要时采取隔声、降噪处理；空气压缩机适宜设置在远离厂界的室内，必要时采用隔声、降噪措施。

厂界噪声按GB 12348—2008的要求执行。

图4-32　钣金打磨在密闭空间进行

4.7　绿色环保维修工具设备

交通运输部《公路水路交通运输节能减排"十二五"规划》中提出了绿色维修工程的概念，要求"针对目前我国机动车维修业的环保状况，从机动车维修业的废物分类、管理要求、维修作业和废弃物处理等方面加强机动车维修的节能减排，重点加强对废水、废气、废机油、废旧蓄电池、废旧轮胎等废弃物的处置和污染治理"。交通运输部在2011年试点推进绿色汽车维修技术，并在《交通运输节能减排专项资金管理暂行办法》（财建[2011]374号）中明确对绿色汽车维修技术所需主要设施设备和材料实施资金补贴。

绿色汽车维修技术及相应的设备和材料见表4-3。

表4-3 绿色汽车维修技术及相应的设备和材料

分类	设备和材料
绿色机电维修技术	超声波清洗设备
	制冷剂回收、净化、加注设备
	制冷剂鉴别设备
	调试车间或工位尾气收集净化设施、装置
	汽车故障诊断仪
	内窥镜
	异响诊断仪
	免拆清洗修复设备
	底盘测功机(用于测量排放和油耗)
	碳平衡油耗仪
绿色钣金技术	等离子切割设备
	点焊机
	二氧化碳保护焊机
	车身精密测量设备
	车身整形机
	铝合金车身修复成套设备
绿色喷涂技术	节能环保喷烤漆房
	无尘干磨设备
	水性漆喷涂设备(如喷枪、滤芯等)
	水性漆(材料)
	洗枪机
	稀料回收再利用设备
其他绿色维修技术	集中供气系统建筑设施、空压机等设备
	节水外部清洗机或洗车水循环利用设施、设备

5

环境管理体系及其建立

5 环境管理体系及其建立

4S店及其他汽车维修企业履行生态和环境管理的社会责任，而且期望通过履行该社会责任的同时规避自身的环境法律法规责任风险，那么通过建立和实施ISO 14001环境管理体系可以说是一个不错的选择，实施ISO 14001环境管理体系也是企业迈向卓越、成为受社会认可企业的基本要求。

本章以ISO 14001环境管理体系的框架和基本要求为线索，介绍4S店及其他汽车维修企业如何建立符合自身行业特点的环境管理体系，除了介绍各管理要素的基本要求外，还提供了各个要素的管理文件案例供广大4S店及其他汽车维修企业建立环境管理体系时参考。

5.1 初始环境评审

初始环境评审是企业实施系统化环境管理前进行的自我诊断，让企业了解自身的环境管理现状，了解自身与法律法规以及应承担的环境责任之间的差距，帮助企业确定环境管理的范围和内容。因此，初始环境评审是企业系统化环境管理的起点。

完成初始环境评审需要建立评审小组、收集相关资料、识别环境因素和合规义务、进行差距分析和编写初始环境评审报告五个步骤。

（1）评审小组

初始环境评审既是一个数据和资料的收集过程，同时也是一个技术评审的过程，因此环境初始评审小组需要由专业人员组成。

建议4S店的环境初始评审小组人员由总经理担任组长，售后经理担任副组长，各部门委派熟悉本部门运作的人员作为组员和具体工作人员，人事行政部门负责资料汇总和起草评审报告。目前，大部分4S店及其他汽车维修企业缺少环境管理专业人员，因此建议外聘咨询公司或外部专业人员参加评审小组。

（2）资料收集

资料和数据收集的范围包括（但不限于）以下内容。

① 公司位置图。

② 适用的法律法规、排放标准的相关要求。
③ 环境影响评价报告。
④ "三同时"和环境验收报告。
⑤ 排污许可证。
⑥ 环境监测报告和废弃物处置记录。
⑦ 设施布置平面图和排污管网图。
⑧ 维修工艺过程和物料（特别是含挥发性有机物的材料及危险化学品）的使用情况。
⑨ 社区居民的诉求和投诉信息。
⑩ 政府部门联络信息。
⑪ 环境处罚信息等。

（3）环境因素和合规义务

环境因素是指一个组织的活动、产品或服务中能与环境发生相互作用的要素，例如机修过程中的汽车尾气排放和废机油排放、钣金过程中的噪声排放、喷漆过程中的有机废气排放等都是环境因素。环境因素识别和登记方法详见5.2节。

合规义务是企业必须遵守的与环境管理相关的法律法规要求以及企业必须遵守的行业标准、合同规定、操作规程、社区诉求等。合规要求见第2章。

评审小组在环境初始评审过程中要在技术专家的参与和指导下，将环境因素和合规义务全识别出来，并一一登记。

（4）差距分析

差距分析主要是根据收集的数据信息和环境因素信息，比较环境管理和环境因素现状与合规义务的差距。例如，危险废物没有登记、转移没有转移联单；喷烤漆房废气排放没有监测和管理；废机油和其他危险废物存放没有标识和防护措施等。

差距分析的结论，就是要指出环境管理中目前需要整改的问题有哪些。

（5）初始环境评审报告

初始环境评审小组完成工作后，需要进行总结，形成初始环境评审报告。初始环境评审报告应包括（但不限于）以下内容。

① 初始环境评审的范围。
② 初始环境评审小组成员。
③ 收集的资料和数据信息清单。
④ 合规义务涉及的法律法规、排放标准和其他义务信息清单。
⑤ 环境因素清单。
⑥ 目前环境管理现状（差距）清单。
⑦ 评价出来的重要环境因素。

初始环境评审流程图如图5-1所示。

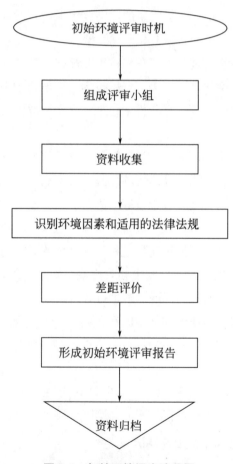

图5-1 初始环境评审流程图

5.2 环境因素识别和重要性评价

（1）环境因素识别和登记

环境因素识别的方法有专家咨询法、问卷调查法、生命周期评价法和物料衡算法等。对于汽车维修业而言，环境因素的识别相对简单，通过现场观察和维修过程分析，就基本能够识别出相关的环境因素。

需要注意的是，环境因素的识别要包括所有活动、产品和服务，以及其"三种时态、三种状态"和七种类型。

三种时态就是过去、现在和将来。过去，就是要考虑以前发生和遗留的环境问题，例如土地污染、居民投诉、环境罚款等；现在，就是对目前的产品、活动、服务进行分析；将来，就是根据改扩建规划考虑可能带来的环境问题。

三种状态就是正常、异常和紧急。正常状态，就是在正常情况下持续存在的状态，例如汽车调试过程的汽车尾气排放、发动机保养的机油更换、喷漆过程的有机废气排放等；异常状态，就是对一定存在的不连续的情况例如设备开关机过程、设备维修保养过程、废机油和危险废物收集转移过程、喷烤漆房更换过滤棉过程等的环境影响进行分析；紧急状态，就是对不一定发生、但一旦发生会对环境影响较大的情况例如火灾、水灾、台风、化学品泄漏等的环境影响进行分析。

七种类型就是在识别环境因素时要从七个方面入手：废气排放、污水排放、噪声排放、危险废物排放、土地污染、原材料与自然资源的使用以及其他地方性的问题。

在识别环境因素的过程中，要对环境因素的活动、服务的地点、污染物和排放的情况进行登记，形成环境因素清单。

（2）环境因素重要性评价

一般情况下，由于存在的环境因素很多，企业必须对环境因素的环境影响程度进行评估，找出其中环境影响相对较大的因素，例如违规的因素、超标排放的因素、社区反映强烈的因素等,以便企业能够集中资源对其进行重点管理甚至进行整改。

如下情况可以直接确定为重要环境因素。

① 违反或接近违反国家及地方有关法律法规和强制性标准要求的环境因素。

② 当地政府高度关注或强制控制的环境因素。

③ 政府或法律命令禁止使用、限制使用或限期替代的物质。

④ 异常或紧急状态下预计产生严重环境影响的环境因素。

⑤ 能源、资源消耗超常的环境因素。

⑥ 国家危险废物名录中规定的废弃物。

对于其他环境因素,一般采用多因子评价法进行重要性评价,评价的因子经常包括发生频率、法律法规和标准的符合性、产生环境影响的程度、影响的可恢复性和敏感性几个方面。

通过环境因素重要性评价,形成重要环境因素清单。

(3)环境因素识别和重要性评价程序示例

环境因素识别与评价管理程序

1. 目的

识别和评价公司在活动、产品和服务中能够控制和可施加影响的环境因素,以确保重要环境因素能够得到有效控制。

2. 适用范围

适用于公司活动、产品或服务中环境因素的识别与评价。

3. 责任

3.1 总经理

批准重要环境因素、环境因素识别和评价报告。

3.2 管理者代表

3.2.1 组织、指导全公司的环境因素识别和评价工作。

3.2.2 核定全公司的环境因素。

3.2.3 组织相关人员成立环保小组,必要时重新评价重要环境因素。

3.2.4 检认重要环境因素、环境因素识别和评价报告。

3.3 环保小组

3.3.1 负责环境因素的汇总。

3.3.2 编制"重要环境因素清单"和"一般环境因素清单"。

3.3.3 编写环境评审报告。

3.4 部门主管

3.4.1 识别、登记和评价本部门内的环境因素。

3.4.2 初步评价本部门内的重要环境因素。

4. 资格与训练

无。

5. 定义

5.1 环境：公司运行活动的外部存在，包括空气、水、土地自然资源、植物、动物、人及其相互之间的关系。

5.2 环境因素：公司的活动、产品或服务中能与环境发生相互作用的要素。

5.3 重要环境因素：具有或可能具有重大影响的环境因素。

5.4 环境影响：全部或部分由公司的活动、产品或服务给环境造成任何有害有益的变化。

6. 内容

6.1 出现下列情况时，管理代表应及时组织环境因素的识别与评价。

6.1.1 计划的需要：EMS创建阶段。

6.1.2 更新的需要：

a. 公司的产品、活动、服务发生变化时；

b. 相关环境法律法规发生变化或新增加时；

c. 相关方要求；

d. 发生重大环境事故时；

e. 管理评审要求；

f. 新项目、新进设备时。

6.2 环境因素的识别

6.2.1 选择活动和过程

a. 各部门环境负责人组织本部门环境因素的识别，并根据本部门的环境行为特点，最大限度地找出本部门的环境因素。

b. 活动和过程应该考虑从维修接车到交车全过程，可参考如下：

- 保养、维护、维修工艺过程；
- 维修设备、设施；
- 检验、检测设施；
- 使用的原材料、零配件；
- 设备维修保养；
- 服务；
- 社区反馈信息。

c. 从时态上看，应考虑公司的过去、现在和未来可能发生的活动过程。

d. 从状态上看，应划分正常、异常和紧急情况下的活动过程。

e. 应恰当选择活动和过程的范围，以防止过大时忽略中间过程的环境影响，过小时分析结果对确定重要因素没有意义。

6.2.2 识别环境因素

a. 识别方法可以但不限于：
- 面谈、现场观察或问卷调查；
- 对照法律法规；
- 运用工艺过程分析，就每一维修从材料的使用到最后维修完成，对各环节进行分析，从而找出环境因素；
- 利用以往监测或其他评审的结果等。

b. 识别环境影响因素时，应考虑以下内容：
- 大气排放；
- 污水排放；
- 土壤污染；
- 噪声污染；
- 危险废物管理；
- 危险化学品管理；
- 资源消耗；
- 能源消耗；
- 法律法规要求；
- 相关方意见；
- 当地和区域性环境问题；
- 公众关注或其他问题。

c.实施识别时,部门主管应指定人员将本部门的活动、产品和服务进行分析,并将识别出来的各种环境问题填写于"环境因素登记表"中。

6.3 环境影响的确定

对已登记的环境因素应确定其所具有的环境影响,主要包括以下影响:

a.实际的与潜在的;

b.直接的与间接的;

c.可控制的与不可控制的。

6.4 环境影响的评价

6.4.1 根据环境影响评价标准,对识别出的环境因素逐一评价并将评价结果记录于"环境影响初评表"中。

6.4.2 重要环境因素的评价。

符合以下条件之一的环境因素,均判定为重要环境因素:

● 严重等级(D)=排放可能性(L)×排放频率(E)×产生后果(C)>70的环境因素;

● 将造成人员伤亡的环境因素;

● 已超出及违反国家环境污染法律法规有关规定的环境因素;

● 超出公司内部每年颁布的环境管理控制值的环境因素。

a.重要环境因素的确定。

● 部门主管依据环境影响评价标准,初步确定本部门的重要环境因素,评价结果填写于"环境影响初评表"中。

● 管理代表组织各部门评审骨干,重新评价和确定全公司的重要环境因素,评价结果填写于"重要环境因素评价表"中,并经总经理认可。

b.重要环境因素的更新。

每年2月,管理者代表组织相关人员根据原有的环境因素和新增的环境因素进行评价,确定新的重要环境因素。

6.5 环境因素的改善

6.5.1 重要环境因素由管理代表组织相关部门通过制定环境目标、指标和管理方案或相关办法、管理规定来加以控制。

6.5.2 一般环境因素由各部门通过体系规定的办法、标准来加以控制。

6.6 记录

6.6.1 环保小组根据评价结果编制"重要环境因素清单""一般环境

因素清单""环境评审报告",交管理者代表审核,总经理批准。

6.6.2 环境因素识别与评价的所有记录由人事行政部门归档保存。

7.关连文件/资料

(略)

8.流程图

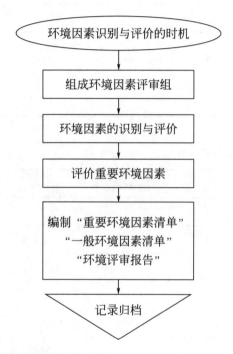

9.环境因素重要性评价标准

评价标准　　　　　　　　$D = L \times C \times E$

9.1 排放可能性(L)

评分	排放的可能性
10	完全可以意料
6	相当可能
3	可能,但不经常
1	可能性小,完全意外
0.5	很不可能,可以设想
0.2	极不可能
0.1	实际不可能

9.2 产生后果（C）

评 分	产生的后果
100	大灾难/多人死亡/特大污染
40	灾难/一人死亡/重大污染
15	超标，违规
7	严重，相关方投诉
3	重大，员工不适
1	引人注目，不利于环境

9.3 排放频率（E）

评 分	排放的频率
10	连续排放
6	每天工作时间内排放
3	1次/天～1次/周（含）
2	1次/周～1次/月（含）
1	1次/月～1次/半年（含）
0.5	1次/半年～1次/每年（含）

9.4 严重等级（D）

评 分	严重等级划分
>320	极其严重影响，不能生产
160～320	高度严重影响，需立即整改
70～160	显著影响，需要整改
20～70	一般影响，需要关注
<20	稍有影响，可以接受

5 环境管理体系及其建立

环境因素登记表

部门：　　　　　　成员：　　　　　　　　　　　　　　共　页　第　页

序号	地点	活动/产品/服务	环境因素	污染物质	排放量	排放频率	物料用量	环境影响	法律法规	排放标准	治理现状	治理装置
1												
2												
3												
4												
5												
6												
7												

日期：_____　　编制人：_____　　批准：_____

环境因素评价表

成员：　　　　　　　　　　　　　　　　　　　　　　　共　页　第　页

序号	地点	活动/产品/服务	环境因素	控制措施	重要成分	物料用量	法律法规	排放标准	排放量	环境因素评价				整改意见
										L	E	C	D	
1														
2														
3														
4														
5														
6														
7														
8														

日期：_____　　编制人：_____

重要环境因素清单

年度：　　　　　　　　　　　　　　　　　　　　　　　　　　共　页　第　页

编　号	环境因素	活动/产品/服务	场　所	所在部门	评分值

日期：　　　　　　　　　　编制人：

5.3　合规义务

（1）合规义务责任识别

企业的法人代表和负有执行责任的管理者对环境保护承担相应的集体和个人责任，如果企业违反了有关的法律法规要求，将会导致罚款甚至更严厉的处罚。因此，企业必须及时识别和更新有关环保法律法规和排放标准要求以及社区和其他相关方的意见，并以此为依据及时评估对应的环境因素的重要性并采取措施，以降低企业的经营风险和管理者个人的风险。

本书第2章列出了到2019年6月为止汽车维修行业涉及的国家级别的环境法律法规、排放标准。即便如此，这些环境法律法规、排放标准都可能变化，另外还有企业应遵守的地方法规和其他应担负的责任的，企业都必须指定人员定期跟踪和查询，一旦有变化和新的要求，都要及时识别和传递有关信息。

（2）合规义务责任管理程序示例

合规义务责任管理程序

1.目的

及时获取、明确、更新适用于公司的环境保护的最新法律、法规及要求，以确保公司的环境管理效果满足法律、法规及其他要求。

2.适用范围

本程序适用于公司环境保护有关的法律、法规及其他要求的管理。

3.责任

3.1 管理者代表：确认获取的法律、法规的适用性。

3.2 人事行政部门：

3.2.1 获取、更新与全公司环境方面有关的法律、法规、标准和其他要求；

3.2.2 汇总法律、法规和其他要求的适用条文；

3.2.3 将适用的相关法律、法规及时准确地传达到相关部门，并进行相关的宣传和培训。

3.3 部门主管：在本部门传达、贯彻和实施法律、法规和其他要求。

3.4 全体员工：严格遵守法律、法规和其他要求，报告不符合现象和提供改善建议。

4.资格与训练

无。

5.定义

无。

6.内容

6.1 法律、法规及其他要求的获取

6.1.1 主要法律、法规及要求

a.国家环保法律、法规、标准及规章；

b.××省环保法律、法规、标准及规章；

c.××市环保规范性文件、执法部门的通知、通告；

d.顾客和社区等相关方要求。

6.1.2 获取的途径与频率

a.非定期性：

● 各部门在接收到与法律、法规及其他管理要求有关的外部信息时，应记录于"外部环境信息接收记录表"中并填写"环境信息交流处置单"提交环保小组登录和处理；

● 具体按《环境信息交流管理程序》执行。

b.定期性：

● 国家及省市环境法律、法规和标准主要从政府的官方网站获取，由人事行政部门指定专人负责查询，每年至少确认1次；

● 获得新资料时，环保小组及时填写"法律、法规及其他要求获取记录表"。

6.2 法律、法规及其他要求的评价

6.2.1 管理者代表对获取的信息实施评价，评价方法可参考如下：

a.根据公司的行业特点及其活动、产品或服务中的环境因素，评价所获取的法律、法规及其他要求的适用性；

b.根据国家、地区标准确定公司生产、服务过程中各类污染物的排放标准的适用性。

6.2.2 确认依据为：

a.与公司的环境因素有关；

b.必须是最新的版本或要求。

6.2.3 如果法律、法规及其他要求的变化涉及环境管理体系运行，管理代表应对此作出评估，并对环境因素识别与评价、目标、指标等内容作出相应调整。

6.3 法律、法规及其他要求的登录和发布

经确认为符合本公司法律、法规及其他要求的资料，由环保小组及时制定或修正《适用环境法律、法规和其他要求目录一览表》，并摘录相关

章节要求，编制或修正《适用环境法律、法规和其他要求摘录汇编》，通过书面文件形式发布到各相关部门。

6.4 法律、法规及其他要求的实施和确认

当发现公司的活动、产品或服务与最新法律、法规及其他要求不符合时，发现个人或部门应及时上报环保小组或管理者代表，并由管理者代表决定由相关部门按《环境不符合、纠正和预防管理程序》《环境应急准备和响应管理程序》的要求采取相应的纠正和预防措施并记录。

6.5 记录归档

（略）

7.相关文件/资料

（略）

8.流程图

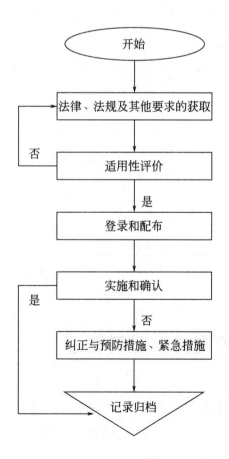

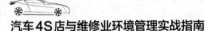

法律、法规及其他要求获取记录表

编号：

获取部门：	获取方式：
获取时间：	接收人：
内容：	
识别的结果：	
登录和发放状况：	
备注：	

5.4 环境管理方案及其管理

（1）几个概念

① 环境目标　组织依据其环境方针建立的目标（ISO 14001—2015概

念）即环境目标。环境方针是一个组织在环境保护方面总的宗旨和意图，也是组织对社会总的承诺，一般包含遵守环境法律法规、持续改进和污染预防三个方面内容，表达通常会比较抽象。而环境目标是对环境方针的落实和具体化。一般制定环境目标时会考虑组织的重要环境因素，针对重要环境因素的控制制定具体目标。

② 环境指标　直接来自环境目标，或为实现环境目标所需规定并满足的具体的环境表现（行为）要求，它们可适用于组织或其局部，如可行应予量化（ISO 14001—2004 概念）。

表5-1是一个环境目标、指标的简单例子。

表5-1　环境目标、指标实例

重要环境因素	环境目标	环境指标
噪声排放	达标排放	① 昼：65dB ② 夜：55dB
废气排放	达标排放	VOCs的排放浓度达到（mg/m^3）： ① Ⅰ时段：苯10，苯系物20，非甲烷总烃30； ② Ⅱ时段：苯5，苯系物10，非甲烷总烃20
车间用电消耗	节约用电	全车间每万元产值耗电量下降2%

③ 环境管理方案　说明实现环境目标、指标的方案，包括措施、时间进度、负责实施的人员、预算等。

（2）环境管理方案

① 环境因素两种控制方式　经过环境因素重要性评估，环境因素分为两部分：重要环境因素和一般环境因素，对两种严重程度不同的环境因素，控制方式也不同（表5-2）。其中，对重要环境因素的控制一般采取制定目标、指标和环境管理方案的形式，采取特定的措施防止超标排放和违法违规，或控制超标排放和违法违规趋势的发展，将环境污染程度控制在合规甚至更高的要求范围内。而对一般环境因素的管理，一般是通过制定和实施管理制度的方式，通过环境因素所在区域员工结合日常生产活动进行控制，以保持和改善环境因素的现状。

表5-2 环境因素控制方式

环境因素重要性	控制方式
重要环境因素	制定和实施环境管理方案
一般环境因素	制定和实施环境管理制度

② 环境管理方案的制定 环境管理方案是组织更换目标、指标的具体措施,明确由谁负责、做什么事情和要达到的目的,以及需要多少的资源和预算。由于环境问题的特殊性,这往往需要技术、设备、资金、现场作业、人力等多方面的支持。因此,一个环境管理方案的制定和实施,常常需要技术部门、环境管理职能部门、财务部门、现场操作部门等多个部门和岗位的协调合作。

需要指出的是,环境管理方案的制定往往是技术性很强的工作,有时需要咨询公司、外聘的技术人员甚至环境设备提供商的参与。

(3) 环境管理方案示例

环境管理方案示例一

目标	现状	指标	管理方案	完成进度	投资额度	责任人
洗车废水达标排放	未经处理排放	pH值6～9 $COD \leqslant 50mg/L$ $BOD_5 \leqslant 10mg/L$ $SS \leqslant 10mg/L$ 石油类$\leqslant 1mg/L$ 总磷$\leqslant 0.5mg/L$ 废水循环使用$\geqslant 70\%$	建立沉沙隔油池(详见设计任务书)	9月开工,10月试运行,11月验收	10万元	行政部售后部

编制: 审核: 批准: 日期:

环境管理方案示例二

1. 项目名称:新建污水处理厂。
2. 环境目标:污水总排放达标。
3. 环境指标:pH值6～9;$COD \leqslant 50mg/L$;$BOD_5 \leqslant 10mg/L$;$SS \leqslant 10mg/L$;石油类$\leqslant 1mg/L$;总磷$\leqslant 0.5mg/L$;阴离子表面活性剂(LAS)$\leqslant 1mg/L$;氨氮$\leqslant 5mg/L$;总氮$\leqslant 15mg/L$。

4.总投资：50万元。

5.建设周期：6个月。

第1个月确定管理方案。

第2个月设备选型和采购。

第3～6个月基础建设、设备安装和调试，试运行。

6.职责：总经理负责方案论证；行政部门负责与环保部门对接和联系环境评价报告事项；行政部门负责项目施工单位招标和建设过程管理，组织项目完工验收；财务部门负责项目预结算。

7.方法：见项目设计任务书。

8.验收：项目完工后15日内行政部门组织各部门并联系环保部门对设施进行验收，并由环保部门出具验收合规报告。

（4）环境目标、指标和管理方案管理程序示例

环境目标、指标和管理方案管理程序

1.目的

明确环境目标、指标和方案的制定、实施与保持的管理职责及方法，以保证环境管理体系的有效运行，确保环境行为的持续改进。

2.适用范围

本程序适用于公司环境目标、指标和环境管理方案的制定、实施和修订等管理过程。

3.责任

3.1 总经理

3.1.1 审批公司的环境目标、指标和环境管理方案；

3.1.2 审批环境目标、指标和方案的费用预算和提供资金保证。

3.2 管理代表

3.2.1 组织环保小组拟定公司的环境目标、指标；

3.2.2 监督和协调公司环境目标、指标及管理方案的实施情况。

3.3 环保小组

3.3.1 汇总各部门制定的环境管理方案；

3.3.2 检查与监控各部门环境管理方案的实施；

3.3.3 向管理代表报告各相关部门环境目标和指标的达成情况。

3.4 各部门

3.4.1 制定、实施与本部门有关的环境管理方案；

3.4.2 及时纠正实施中发现的不符合项。

4. 资格与训练

无。

5. 定义

5.1 环境目标：公司根据环境政策规定自己所要实现的总体环境目的，如可行时应予以量化。

5.2 环境指标：直接来自环境目标，或为实现环境目标所规定并满足的具体的环境表现要求，它们可适用于全公司或局部，应尽量予以量化。

5.3 环境管理方案：为实现环境目标、指标所确定的近期具体环境任务和行动措施。

6. 内容

6.1 制定/修订环境目标、指标的时机。

6.1.1 计划的需要：EMS创建阶段。

6.1.2 更新的需要：

a. 公司的产品、活动、服务有重大变更时；

b. 主要的相关环境法律法规发生变化或新增加时；

c. 相关方要求时；

d. 环境政策发生变化时；

e. 发生重大环境事故时；

f. 管理评审要求时；

g. 新建项目、新进设备时。

6.2 制定/修订环境目标、指标

6.2.1 确定环境管理优先事项

a. 拟定环境目标、指标前，管理代表应组织环保小组成员参照以下分析和评价准则确定环境管理的优先事项，为建立环境目标、指标提供

5 环境管理体系及其建立

依据。
- 环境政策：与环境政策一致和符合的程度。
- 重要环境因素。
- 监测结果。
- 与法律法规和排放标准符合的程度。
- 公司发展的机会：减少或消除不利环境影响后给公司带来新机遇的程度。
- 废物处置费用和经济收益。
- 技术条件。
- 资源需求。
- 运行管理难易程度。
- 见效时间长短。
- 相关方的要求：相关方关注和压力的程度。

b. 环境管理优先事项的确定应进行充分的调查研究并征求有关方面的意见。

6.2.2 拟定环境目标、指标

a. 管理者代表和环保小组成员根据确定的环境管理优先事项拟定公司环境目标和指标的初稿。

b. 拟定环境目标和指标可考虑以下方面：
- 减少废物排放并降低资源消耗；
- 减少或消除向环境释放污染物质；
- 减少有害原辅材料的用量；
- 降低异常紧急时的环境影响；
- 设计产品时，尽可能减少生产、使用和处置过程中的环境影响；
- 提高员工和社区的环境意识。

c. 拟定目标、指标时应尽可能具体并予以量化。

d. 目标、指标拟定后，管理者代表组织环保小组成员及各部门责任人进行再审核。审核后的目标、指标报总经理审批。

e. 环保小组将总经理核准后的环境目标、指标制成"环境目标、指标指示书"分发至相关部门。

6.3 制定/修订环境管理方案

6.3.1 各部门依据"环境目标、指标指示书",结合本部门的重要环境因素,拟定各部门的环境管理方案。对于一项环境指标,可以根据需要,拟定一个或多个管理方案。

6.3.2 拟定环境管理方案的基本要求:

a. 确定完成这些任务、行动措施的优先顺序;

b. 管理方案的任务、措施主要针对公司的运行层,既要考虑公司的现行活动过程,也要注意规划中的活动过程,既要考虑到正常运行情况,也要考虑到异常或特殊的运行情况,既包括技术性措施,也包含非技术对策措施;

c. 管理方案要体现污染预防的指导思想,尽量采用清洁生产工艺最佳可行技术;

d. 明确资源需求、人员安排、时间进度及责任担当者。

6.3.3 拟定环境管理方案的基本步骤:

a. 依据环境目标、指标,结合所确定的重要环境因素和所识别的环境因素改进机会,提出拟定方案;

b. 对拟定方案的可行性进行分析,包含技术、成本、效益、改进环境表现、市场机会等分析评价;

c. 对分析后可行的方案制定近期实施计划,包括资源配置、职责分工、时间进度;

d. 确定最终方案计划并形成文件。文件可包括:

- 方案的目的、内容描述;
- 方案对实现环境目标、指标的作用;
- 部门、人员的任务、职责分工;
- 行动方案的费用预算;
- 行动方案实施程序和时间;
- 行动方案的支持措施(包括培训);
- 行动方案实施的报告、监督、评估等控制系统。

6.3.4 各部门的环境管理方案计划填写在"环境管理方案"中,提交环保小组汇总。经环境管理者代表审核后报总经理审批。如未获通过,管理代表应组织有关人员进行调整直至通过。

6.4 环境管理方案实施

6.4.1 各部门根据"环境管理方案"的要求及时实施环境改善，如在执行过程中发现问题，方案担当者应及时向环保小组汇报，由环保小组再向管理代表和总经理呈报，以便获得下一步的指示；

6.4.2 各部门在实施管理方案过程中，若需要得到其他部门配合时，可用书面形式直接与其联系，必要时，可由环保小组进行联络和协调，以获取其他部门的配合。

6.5 监控和异常处置

6.5.1 各部门应每两个月一次确认目标、指标和环境管理方案的完成情况，确认结果记录在"环境管理方案"中，并于第三个月10号前提交环保小组。

6.5.2 环保小组每四个月一次对全公司的目标指标、环境管理方案进行确认并提交管理代表核准，监控结果应作为相关人员的绩效考核内容之一。

6.5.3 环保小组针对在监控过程中发现的不符合应采取适当的纠正措施：

a.如涉及实施进度，可直接进行指导纠正；

b.如方案无法达成目标、指标，提报环境管理代表指示；

c.如资金短缺，提报环境管理代表和总经理指示。

6.5.4 环境目标、指标和管理方案监控的详细内容参照《环境监测和测量管理程序》。

6.6 资料保存

（略）

7. 相关文件/资料

（略）

8. 记录及保存期限

8.1 环境目标、指标指示书（3年）

8.2 环境管理方案（3年）

9. 流程图

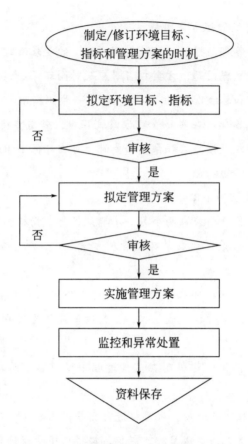

_____年度环境目标、指标清单

第 页共 页

优先事项	目 标	指 标	现状（环境表现）	主管部门

编制： 审核： 日期： 年 月 日

5 环境管理体系及其建立

环境管理方案

部门：_____

优先事项	目标	指标	具体方案	资金预算	实施部门担当人	配合部门	执行期间												监控方法	实施状况	监控人
							1	2	3	4	5	6	7	8	9	10	11	12			

编制：　　　　　　审核：　　　　　　批准：　　　　　　日期：

5.5 固体废物污染防治管理

（1）固体废物污染防治管理要求

固体废物的管理必须符合《中华人民共和国固体废物污染环境防治法》规定，其中危险废物的管理必须符合《危险废物贮存污染控制标准》（GB 18597—2001）、《危险废物转移联单管理办法》的要求。

根据《国家危险废物名录》，一般情况下可以识别的汽车维修过程产生的危险废物种类见表2-9。危险固体废物贮存警示标志见图4-27。

（2）固体废物管理程序示例

固体废物管理程序

1. 目的
对公司产生的固体废物进行分类管理和有效地控制，达到减少资源浪费和防止环境污染的目的。

2. 适用范围
适用于本公司所有固体废物的产生、收集、存放、运输、处理和处置的管理。

3. 责任
3.1 人事行政部门主导公司固体废物的收集、分类、保管和处理。

3.2 配件仓库：暂时存放、管理报废旧件。

3.3 各相关部门：分类、管理本部门废物。

4. 资格与训练
危险废物处理人员必须接受相应的培训并取得对应资格。

5. 定义
5.1 固体废物：在生产建设、日常生活和其他活动中产生的污染环境的固态、半固态废弃物质。

5.2 危险废物：列入国家危险废物名录或根据国家规定的危险废物鉴别标准和鉴别方法认定的具有危险特性的固体废物。

5.3 可回收类固体废物：可由废物处理商回收、处理并到社会上再利用的固体废物。

5.4 一般固体废物：有别于危险废物和可回收废物的一般性固体废物（无回收价值或回收价值不高）。

5.5 废物处理商：经法律许可，有资格和能力对废物进行收集、处理和处置的搬运商、中间处理商、最终处理商。

5.6 处置：将固体废物焚烧或用其他改变固体废物的物理、化学、生物特性的方法，达到减少已产生的固体废物数量、缩小固体废物体积、减少或者消除其危险成分的活动，或者将固体废物最终置于符合环境保护规定要求的场所或者设施并不再回取的活动。

6. 内容

6.1 固体废物的来源和种类

公司的固体废物包含以下三种。

a.危险固体废物。

● 废有机溶剂与含有机溶剂废物（HW06）：零件清洗过程中废弃的有机溶剂、专业清洗剂、保养过程中更换的防冻液等。

● 废矿物油与含矿物油废物（HW08）：维修保养过程中废弃的柴油、机油、刹车油、液压油、润滑油、过滤介质（汽油、机油过滤器）；清洗零件过程中废弃的汽油、柴油、煤油、沾染油污的手套棉丝等。

● 染料、涂料废物（HW12）：维修过程使用油漆（不包括水性漆）作业产生的废物，如废油漆及漆渣，喷烤漆房使用后的空气过滤介质，沾染油漆的废纸、胶带等。

● 含汞废物（HW29）：废含汞荧光灯管及其他废含汞电光源。

● 其他废物（HW49）：废铅酸蓄电池、废油漆桶、废喷漆罐、废线路板、未引爆的安全气囊及安全带等。

b.可回收类固体废物。

● 废旧零配件。

● 纸类：纸箱、纸板、办公用纸、过期文件、报纸、印刷品、包装纸、文件夹等。

● 塑料类：包装袋、塑料袋、塑料盒等。

c.一般固体废物（不可回收）。

6.2 固体废物的控制

6.2.1 减少固体废物产生的措施

a.各相关部门应对现有的生产工艺和设备进行研究和改进，开展清洁生产，尽量减少固体废物的产生。

b.新建、改建、扩建项目或新进设备时，应选择能够减少固体废物产生量的先进工艺或设备。

c.各相关部门应合理选择和利用原材料及其包装形式，以减少废物的产生。

d.全体员工应增强个人环保意识，使用无公害的生活用品。

6.2.2 固体废物的收集、存放和处置

a. 办公室、客户接待区

- 根据需要配置适量的垃圾桶（包含可回收和一般废物两类）。
- 员工将自己废弃的办公用品按要求分类放到垃圾桶中。
- 公司清洁人员每天至少一次清理垃圾桶，一般废物直接倒入垃圾通道，可回收废物送公司废品仓库分类放置。

b. 车间

- 根据各岗位产生的固体废物的实际情况配备相应的废物收集箱或放置区域（包含可回收和不可回收两类），并标识废物的类别。
- 作业人员将本岗位产生的废物分类放置到相应的收集箱内或放置区域，每班下班时由值日作业员清理，可回收废物达到一定数量时，送公司废品仓库分类放置，由人事行政部门集中处置。
- 危险废物指定专人收集，送公司危险物品仓库分类放置。

6.2.3 危险废物的贮存和处置

a. 贮存

- 公司设置危险废物仓库，对危险废物分类收集贮存。贮存设施的设计、建设应符合 GB 18597—2001 的要求，并按照 GB 15562.2—1995 的规定设置警示标志。
- 配备专门的废油收集设备，可行时采用管道集中供油、收集废油，以减少废油桶产生量，减少废油转移过程中的遗洒。
- 废有机溶剂、废矿物油等液态危险废物盛装量不应超过容器容积的 3/4。容器放置应设置围堰，预防泄漏。
- 废有机溶剂、沾有涂料的棉纱等含有挥发性有机物的危险废物应放入具有标识的密闭容器中贮存。
- 破损的废铅酸蓄电池应贮存在耐酸容器中。

b. 处置

- 危险废物应交由持有相应危险废物经营许可证的单位处置，并执行转移联单制度。人事行政部门及时向当地环保部门报备公司危险废物清单，收集和评估危险废物运输和处置机构的营业执照和危险废物处理资质，并签订危险废物处理合同，确保每种危险废物都有对应的回收处置单位。

● 危险废物的贮存不得超过1年，人事行政部门根据贮存的危险废物数量，及时联系危险废物合作单位及时转运。转运时要索取转移联单并保存。

● 建立危险废物管理台账，主要记录危险废物产生的种类、数量和贮存、利用、处置等情况，连同危险废物转移联单至少保存3年，以备环保部门检查。

6.3 检查

办公室、客户接待区、车间的固体废物的管理状况结合公司"5S管理制度"每日检查，危险废物的贮存管理由人事行政部门每日检查，以防意外。

6.4 纠正措施

当检查发现未按本程序管理固体废物时，检查员应通知责任单位进行调查分析，采取积极措施加以改进。必要时，由责任部门整改。

7. 相关文件/资料

（略）

8. 流程图

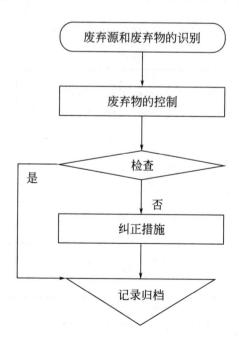

_____年度废弃物处理记录表

□可回收废弃物　　　□危险废弃物

日期	废弃物名称	单位	数量	处理商	经手人	备注

合格废弃物处理商名册

编制日期：

处理商名称	地址	电话	负责人	证书编号	可处理废弃物名称	备注

5.6 大气污染防治管理

(1) 大气污染防治管理要求

汽车维修企业产生的大气污染主要有机修过程中产生的汽车尾气；切割、焊接、干打磨过程中产生的粉尘和调漆、喷涂过程产生的挥发性有机化合物（VOCs）排放。

大气污染物排放必须符合《中华人民共和国大气污染防治法》的规定和《大气污染物综合排放标准》（GB 16297—1996）的要求。

① 挥发性有机物废气污染防治

a.汽车维修过程中使用的处于即用状态的涂料挥发性有机物含量应尽量低。

b.应记录使用的涂料、稀释剂、固化剂、清洗剂等原辅材料的种类、数量及挥发性有机物的含量。

c.调漆作业应在密闭空间内进行，产生的含挥发性有机物废气应经活性炭等净化设施处理后排放。

d.喷漆作业应采用高效喷涂设备，例如使用HVLP喷枪；使用有机溶剂清洗喷枪，应采用密闭洗枪设备，或在密闭设施内清洗并配备挥发性有机物处理设施。

e.所有喷漆和烤漆作业应在密闭的喷烤漆房内进行，废气经挥发性有机物处理设施处理后达标排放。

f.喷烤漆房排气口排放的污染物浓度、调漆室排气口排放的污染物浓度应符合GB 16297—1996有组织排放的排放标准要求；无组织排放监控点大气污染物浓度应符合GB 16297—1996无组织排放的排放标准要求。

g.采用非原位再生吸附处理工艺，1万立方米/小时设计风量的吸附剂使用量不应小于1立方米，更换周期不应长于1个月。

h.采用煤质颗粒活性炭为吸附剂时，其性能参数应符合GB/T 7701.1的要求。

i.采用吸附式挥发性有机物处理设施，应按照GB 20101—2006的要求在进、出口的风管设置压差计，以测定经过设施的气流阻力（压降），压差宜控制在300～350Pa，超出该压力范围时应对处理设施进行维护。

j.异位再生或废弃的吸附剂在转移处理前应采用密闭容器贮存，防止被吸附的挥发性有机物挥发。

k.应建立挥发性有机物处理设施运行台账，至少保存3年。

② 其他废气污染防治管理

a.切割、焊接、干打磨工位应设置单独隔离间或隔离帘，并配备固定式、摇臂式、移动式除尘装置，干打磨工位应配备无尘干磨机。

b.喷烤漆房加热装置禁止使用煤、废油等作为燃料，非电加热装置应设置专门的废气排气筒，排放的污染物浓度应符合GB 16297—1996的要求。

c.机修、调试工位应设置汽车尾气收集净化装置。

（2）大气污染控制管理程序示例

大气污染控制管理程序

1.目的

减少和有效控制大气污染物的排放量和浓度，确保大气污染物排放达标。

2.适用范围

适用于公司维修活动或服务过程中对大气污染控制。

3.责任

3.1 人事行政部门：组织实施大气污染物综合排放监测。

3.2 污染物排放部门：制定本部门防治污染计划；正确使用和维护本部门污染物排放设施。

4.资格与训练

无。

5.定义

无。

6.内容

6.1 大气污染物的种类

公司主要的大气污染物包括：机修过程中产生的汽车尾气；切割、焊接、干打磨过程中产生的粉尘和调漆、喷涂过程中产生的挥发性有机化合物废气。

6.2 大气污染的控制

6.2.1 人事行政部门每年年底定期向当地环保部门申报拥有的污染物排放处理设施和在正常作业条件下排放污染物的种类、数量、浓度，并提供相关资料。

6.2.2 喷漆车间应优先采用能源利用效率高、污染排放量少的清洁生产工艺，减少大气污染。

6.2.3 机修调试产生的汽车尾气应收集并经过净化装置处理后排放。

6.2.4 切割、焊接、干打磨工位设置隔离帘，并配备固定式、摇臂式、移动式除尘装置，干打磨工位应使用无尘干磨机。

6.2.5 调漆作业应在密闭空间内进行，产生的挥发性有机物废气应经活性炭等净化设施处理后排放；喷漆作业应采用高效喷涂设备；使用有机溶剂清洗喷枪，应采用密闭洗枪设备，或在密闭设施内清洗并配备挥发性有机物处理设施；所有喷漆和烤漆作业应在密闭喷烤漆房内进行，挥发性有机物废气经底棉和活性炭吸附处理后排放；活性炭吸附前后压差控制在300～350Pa，超出该压力范围时应对处理设施进行维护；一次使用不完的油漆应密闭存放，防止挥发性物质挥发。

6.2.6 禁止在敞开环境进行切割、打磨和喷漆，防止有害物质无组织排放。

6.3 监测和测量

6.3.1 人事行政部门每年至少一次联系当地环境监测机构进行监测或取得环保部门的大气监测报告。

6.4 纠正措施

当环境大气污染监测结果超过国家规定的排放标准时，售后部门应组织相关部门对超标的原因进行调查分析，采取积极措施减少由此带来的影响。

6.5 记录归档

售后部门负责收集和保管挥发性有机化合物使用记录、喷烤漆房换棉记录和喷烤漆房活性炭规划记录，保存3年，以备当地环保部门检查。

7. 相关文件/资料

（略）

8. 流程图

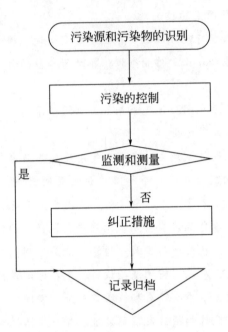

5.7 污水排放管理

汽车维修企业排放的污水主要有发动机及变速箱零部件维修清洗过程中产生的含油废水、洗车废水和生活废水。

污水排放管理必须遵守《中华人民共和国水污染防治法》《城镇排水与污水处理条例》的规定并符合《汽车维修业水污染物排放标准》（GB 26877—2011）和《污水综合排放标准》（GB 8978—1996）的要求。

（1）污水排放管理

① 采用超声波工艺清洗零件，清洗过程中产生的含油废水应集中收集，废水需采用油水分离器进行除油处理。

② 洗车房设置隔油水循环设施，洗车废水经沉沙、隔油后循环利用，水循环利用率不低于70%。

③ 设置污水总排放口，废水排放口按GB 15562.1—1995的要求设置规范的废水排放口图形标志，排放的污染物浓度应符合GB 26877—2011的要求。

（2）污水排放管理程序示例

污水排放管理程序

1. 目的
有效利用水资源，并减少污水排放。

2. 适用范围
适用于公司对水质污染的控制。

3. 责任
3.1 人事行政部门：联络当地环保部门监测排放污水。

3.2 污染物排放部门：组织相关人员识别本部门的水污染源和污染物；按程序要求严格实施污水管理；负责全公司的水污染防治及污水的集合处理。

4. 资格与训练
无。

5. 定义
5.1 水污染：是指水体因某种物质的介入，而导致其化学、物理、生物或者放射性等方面特性的改变，从而影响水的有效利用，危害人体健康或者破坏生态环境，造成水质恶化的现象。

5.2 污染物：是指能导致水污染的物质。

6. 内容
6.1 水质污染的类别

6.1.1 公司的水污染主要包含生产废水（如车辆清洗废水、发动机和变速箱等零部件清洗废水）和生活废水两类。

6.1.2 主要的污染指标有pH值、悬浮物（SS）、化学需氧量（COD）、生化需氧量（BOD_5）、LAS、总氮、氨氮和总磷。

6.2 污水的控制

6.2.1 人事行政部门负责向当地环保部门申报污水排放设施、处理设施和在正常情况下排放污染物的种类、数量、浓度，并提供相关资料。

6.2.2 各部门和全体员工均拥有节约用水的义务，并有责任制止和控制造成水污染的各种不良行为和习惯。

6.2.3 采购单位在选择采用新的化学溶剂时，应尽可能使用对环境影响较小或无影响的产品，以防止这些产品对水质的污染；采购洗洁剂和洗衣粉时必须采购不含磷的产品，以减少水污染。

6.2.4 各车间对化学溶剂、清洗剂、各种油脂、油类材料的使用量应进行严格管制，并防止在使用、贮存、运输中造成对水质的污染。

6.2.5 各相关部门应设立专人对使用过的有毒、有油迹的容器或用具进行管理，禁止在厂内清洗上述容器或用具。

6.2.6 维修车间在拆卸和维修有油污的配件时，配件必须放置在盛盘上，机油、刹车油等废油要采用专用设备收集，防止废油溅落到地板上。

6.2.7 车间清洗地板的废水和洗车废水经过隔油处理后通过总排放口排入市政污水管道，不得排入雨水管道。

6.3 监测和测量

人事行政部门应制定水污染监测和测量计划并联系当地环境监测机构每年至少进行一次监测。

6.4 纠正措施

当环境水污染监测结果接近或超过 GB 26877—2011 的要求时，售后部门应组织相关部门对超标的原因进行调查分析，并根据环境水污染源的具体情况进行评估，采取积极措施减少由此带来的影响。

6.5 记录归档

人事行政部门保存水污染监测记录。

7. 相关文件/资料

（略）

8.流程图

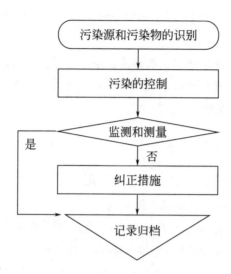

5.8 噪声污染防治管理

汽车维修企业的噪声污染源主要有钣金切割、打磨和敲击、压缩机运行等。

噪声污染防治必须遵守《中华人民共和国环境噪声污染防治法》，噪声排放必须符合《工业企业厂界环境噪声排放标准》（GB 12348—2008）。

（1）噪声污染防治管理

① 厂界环境噪声排放参照GB 12348—2008的要求执行。
② 产生噪声的作业应在室内进行。

（2）噪声污染防治管理程序示例

噪声污染防治管理程序

1.目的

控制噪声对环境的污染，保证不影响社区居民的正常生活。

2. 适用范围

适用于公司对内部产生的噪声对社区环境影响的控制。

3. 责任

3.1 人事行政部门：组织实施噪声污染排放监测。

3.2 污染排放部门：执行本程序，控制噪声源。

4. 资格与训练

无。

5. 定义

5.1 环境噪声：在工业生产、建筑施工、交通运输和社会生活中所产生的干扰周围生活环境的声音。

5.2 噪声污染：所产生的环境噪声超过国家规定的环境噪声排放标准，并干扰他人正常生活、工作和学习的现象。

5.3 工业噪声：在工业生产活动中使用固定的设备或作业时产生的干扰社区生活环境的声音。

6. 内容

6.1 噪声污染源

公司的噪声污染主要有压缩机运行噪声、举升机升降时产生的噪声、钣金切割和打磨及敲击噪声、喷烤漆房进气鼓风噪声和其他气动工具工作时产生的噪声等。

6.2 噪声的控制

6.2.1 设备的选购

优先选用噪声低的举升机和空压机，减少噪声污染。

6.2.2 维修过程噪声的控制

a. 禁止在敞开的环境和车间外进行一切拆卸和维修施工，尽可能减少噪声和粉尘的排放。

b. 维修车间和洗车过程需要的压缩空气统一供应，空压机的位置设置在远离厂界的空压机房内。如因空压机运行噪声导致噪声排放超标，则对空压机房采取隔声措施以降低噪声。

c. 钣金维修过程中切割、打磨、敲打等产生重噪声的作业，应在单独隔离间或隔离帘内进行，且不得在夜间进行。作业人员在重噪声（80分贝以上）工位上工作时应使用防护耳塞。

d.设备启动时,要严格按照设备的操作规范进行操作,防止操作不当而产生噪声。

e.在设备运行过程中,有关人员要定时巡查,发现设备运转异常时,要查明原因。若确定设备带病运转,要立即报告并进行检修。

f.设备要定期进行检修、润滑,做到油路、气路、水路畅通,油标醒目,油量充足,使机器能正常运转,降低噪声。

6.3 监测和测量

人事行政部门应制订噪声污染监测和测量计划,必要时每年联系当地环境监测机构进行一次监测。

6.4 纠正措施

当环境噪声污染监测结果超过GB 12348—2008的排放标准时,人事行政部门应组织相关部门对超标的原因进行调查分析,并根据环境噪声污染源的具体情况进行评估,采取积极措施减少由此带来的影响。

7. 相关文件/资料

(略)

8. 流程图

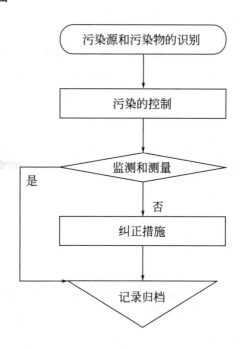

噪声监测记录

噪声监测地点	监测时段	排放限值	实测值	监测时间	是否合规
厂界1米外1#监测点（东）	昼	Leq ≤ 60dB			
厂界1米外2#监测点（西）	昼	Leq ≤ 60dB			
厂界1米外3#监测点（南）	昼	Leq ≤ 60dB			
厂界1米外4#监测点（北）	昼	Leq ≤ 60dB			
厂界1米外1#监测点（东）	夜	Leq ≤ 50dB			
厂界1米外2#监测点（西）	夜	Leq ≤ 50dB			
厂界1米外3#监测点（南）	夜	Leq ≤ 50dB			
厂界1米外4#监测点（北）	夜	Leq ≤ 50dB			

监测：　　　　审核：　　　　日期：

5.9 紧急和突发过程（火灾、水灾、台风）的应急

（1）基本要求

识别可能遇到的紧急和突发情况，例如火灾、水灾、台风、电动车维修触电意外等，对这些紧急情况进行应急准备和策划响应所需的过程，以减少突发事件对环境的影响。

应急准备包括（但不限于）以下内容。

① 响应紧急情况的措施。

② 根据紧急情况和潜在环境影响的程度，采取相适应的措施预防或减轻环境影响的后果。

③ 可行时，定期试验策划的响应措施。

（2）应急管理程序示例

环境应急准备和响应管理程序

1.目的

确定公司潜在的环境事故和紧急情况，作出应急准备和响应，预防或

减少可能伴随产生的环境影响。

2. 适用范围

适用于公司范围内的重大环境事故和紧急情况的处理。

3. 责任

3.1 总经理：对重大环境事故响应负有全权管理及领导责任。

3.2 售后经理：担任应急小组组长，组织相关人员处理重大环境事故和紧急情况。

3.3 消防小组：负责火灾和台风的应急抢险。

3.4 工伤应急小组：负责工伤、触电等应急处理。

3.5 全体员工：按公司要求实施安全卫生管理和应急准备；事故发生后，按应急小组的要求组织救灾或疏散。

4. 资格与训练

环境重要工位人员（电动车维修操作人员、危险化学品管理人员等）、消防小组成员应实施相应的培训和考核。

5. 定义

无。

6. 内容

6.1 应急准备内容

6.1.1 公司可能潜在的重大环境事故或紧急情况

主要包含：火灾；台风；危险化学品泄漏；爆炸。

6.1.2 成立应急组织

a. 公司设立环境安全卫生管理小组，由售后经理担任组长。下设环保小组、安全卫生管理小组。

b. 安全卫生管理组长负责编制包括消防队、环保部门、医院等部门的外部联络通信表，并组建公司义务消防队和抢险队。每个楼层和维修小组应培训相应数量的义务消防人员和抢险人员。

6.1.3 配置应急资源

a. 责任部门在识别出的危险地域或潜在紧急状态发生点安装完善的应急设备并准备充足的应急物资。

b. 医务室应准备急救箱并训练若干急救人员。

c. 在相关岗位应准备完善的个人防护用品，如手套、口罩、靴子、防护眼睛、防毒面罩，并训练员工熟练使用。

d.各责任部门按《环境安全卫生管理程序》的要求对安全工作方法、安全标示、员工健康、消防设施、电气配线、工作环境、危险化学品、废弃物等进行有效的管理。

6.1.4 培训和测试应急措施

a.培训

● 人事行政部门对新员工进行防灾减灾、安全防范及应急处理常识的入职培训。

● 各部门主管对本单位员工进行防灾减灾、操作安全及紧急措施的培训。

b.演练

人事行政部门每年组织相关单位进行消防和疏散演练，测试应急措施的有效性。如发现应急方案有不足之处，应进行改进。

6.2 应急响应内容

6.2.1 事故报告

a.火灾

火情发现人员及时通知距离最近的义务消防员和单位主管实施自救，并及时联络安全卫生管理小组组长。

b.危险化学品泄漏

发生场所的人员及时报告给单位主管，单位主管根据严重程度判断是否需要报告给安全卫生管理小组，以协助处理。

c.台风

人事行政部门在接到台风、暴雨的通知后，立即通知给员工，并将事态的进展及公司采取的对策等信息及时发布，直到紧急状态解除。

6.2.2 组织救灾

a.火灾

● 安全卫生管理小组组长接到联络后立即组织义务消防员和抢险员赶赴现场协作救灾。义务消防员根据火情、火势立即用灭火器、消防栓、消防砂桶进行灭火，尽可能控制或制止灾情扩散。

● 安全卫生管理小组组长应确认火势情况，以确定是否需要疏散人员、在修车辆和其他设施，尽可能减少生命财产损失，必要时，拨打119

报警。

● 公司义务消防队和抢险队需积极配合外部消防队的灭火工作并迅速地将易燃、易爆、有毒危险品转移到安全场所。

● 火情无法控制时,安全卫生管理小组应及时组织人员疏散。疏散时应注意以下事项:及时切断火灾区域内的电源;迅速离开工作岗位,按指定疏散路线有序撤离,不可使用电梯;当烟火较大时,尽量靠近地面行走,可能时用防护面罩或湿毛巾护面;离开现场后,不可在未许可下重返现场;在指定地点集合,等候下一步指示。

● 出现人员昏迷或烧伤时,安全卫生管理小组组织急救人员对受伤人员进行救治,重伤员联系医院急救。

b. 台风

● 人事行政部门及时通知公司各部门人员采取保护措施,员工须关紧门窗,尽量不要在室外活动;值班人员检查公司各处建筑、设施线路是否有积水、裂缝,废机油和其他危险废物贮存是否存在漫水或泄漏危险等,发现问题及时反映给相关人员进行处理。

● 人事行政部门组织义务消防队员固定好架设的设备、电线、通信设备、绿化树、标牌等。

● 出现人员受伤时,安全卫生管理小组组织急救人员对受伤人员进行救治,重伤员联系医院急救。

c. 危险化学品泄漏

● 危险化学品泄漏时,责任单位按《化学品控制管理程序》的要求执行,以预防或减少伴随的环境影响。

● 必要时通知安全卫生管理小组协助处理。

d. 爆炸

● 电动故障车辆在室外停放时,周围5米范围内不得停放其他车辆。电动事故车未经安全鉴定不得进入车间。

● 电动车维修高压部分时,维修工位严格执行电动车维修的隔离和危险标识规定进行隔离和标识,并在工位放置安全钩备用。

● 实施高压维修的技师必须严格执行电动车维修规程,预防发生触电事故。

6.2.3 分析、纠正

a.救灾结束后,安全卫生管理小组应及时组织相关部门人员进行事故原因分析。责任部门按拟定的纠正措施进行改善,由人事行政部门组织效果验证。

b.安全卫生管理小组组长将事故发生和处理过程制成"紧急情况处理报告书",呈总经理核查。

6.2.4 本程序的评审

a.紧急情况处理完成后,由人事行政部门组织相关人员对本程序进行评审,必要时修订。

b.公司增加危险化学品的使用或环保设施等情况时,人事行政部门应对相关可能出现的事故隐患进行评审,必要时修订本程序。

7. 相关文件/资料

(略)。

8. 流程图

8.1 环境应急准备管理流程图

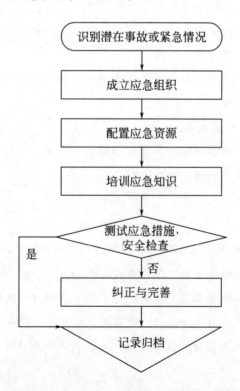

8.2 环境应急响应管理流程图

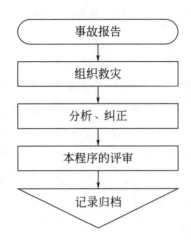

5.10 危险化学品安全管理

（1）基本要求

危险化学品的贮存和使用必须遵守《危险化学品安全管理条例》规定。

（2）危险化学品安全管理程序示例

危险化学品安全管理程序

1.目的

对危险化学品进行统一管理，规范贮存和使用等环节，防止不合理使用引发环境污染或对人体伤害。

2.适用范围

适用于本公司对危险化学品贮存、使用管理等活动的控制。

3.责任

3.1 配件部：负责危险化学品的订购、库存保管和发放。

3.2 使用部门：管理现场危险化学品、收集和处理废液、按MSDS操作。

4. 资格与训练

管理和使用危险化学品的人员需接受相应的培训并取得资格,以便正确使用和防护。

5. 定义

5.1 危险化学品:爆炸品、压缩气体和液化气体、易燃液体、易燃固体、自燃物品、氧化剂和有机过氧化物、毒害品和腐蚀品等。

5.2 MSDS(Material Safety Data Sheet):物资安全数据表是描述化学品的性质和搬运、防护等注意事项的文件。MSDS应包括如下主要内容:物理和化学性质、化学品名、毒性、安全和健康影响、着火及爆炸危险性、安全防范及应急措施等。

6. 内容

6.1 危险化学品的分类

分为易燃、易爆、有毒、腐蚀性物料;有机过氧化物;有机挥发性化合物。

6.2 危险化学品的控制

6.2.1 贮存管理

a. 公司设立独立的危险化学品仓库,并按照危险化学品要求的贮存条件维持一定的温度、湿度并配置必需的干燥通风、灭火、防爆等安全措施。

b. 危险化学品分类摆放,摆放高度不超过三层。对于相互接触能引起燃烧、爆炸或着火的化学品,不得同区域贮存。

c. 禁止闲杂人员出入或携带火种出入,特殊情况有必要出入时需经仓库管理人员同意。

d. 仓库管理人员每天对危险化学品仓库检查一次,防止危险化学品泄漏。

6.2.2 使用管理

a. 使用和操作人员需接受岗位培训并合格。使用和操作人员应按照"危险化学品使用指导书"进行作业,佩戴必要的劳动防护用品,避免因不正确的作业导致意外事故或泄漏而造成人员伤害和环境污染。

b. 使用场所严禁烟火,应设置适宜的排气和防泄漏装置;万一发生意外时,事故部门和人员应按MSDS说明立即采取应急措施。

7. 相关文件/资料

(略)

8.流程图

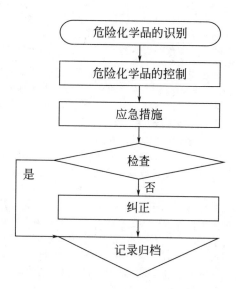

5.11 常用化学品MSDS

4S店和汽车维修企业使用或者涉及的化学品有很多，例如甲苯、二甲苯、芳香烃类等。这些化学物质可能都是易燃易爆、对人体有害的，因此企业必须收集这些化学品的物资安全数据表（MSDS）并指导相关员工如何正确使用以及在紧急和异常时如何处理，以避免受到伤害。

本节以甲苯为例，其余企业可以通过有关渠道例如网络、供应商等获得。

化学名称	甲苯
英文名称	methylbenzene
危险规格分类及编号	易燃物，类别2，编号108-88-3
用途	用于掺合汽油及作为生产甲苯衍生物、炸药、染料中间体、药物等的主要原料
物化性质	对环境有严重危害，对空气、水环境及水源可造成污染

续表

危险特性	易燃，其蒸气与空气可形成爆炸性混合物，遇明火、高热能引起燃烧爆炸。与氧化剂能发生强烈反应。流速过快，容易产生和积聚静电。其蒸气比空气重，能在较低处扩散到相当远的地方，遇火源会着火回燃
应急措施	皮肤接触：脱去污染的衣物，用肥皂水和清水彻底冲洗皮肤 眼睛接触：提起眼睑，用流动清水或生理盐水冲洗，就医 吸入：迅速脱离现场至空气新鲜处，保持呼吸道通畅，如呼吸困难应输氧，如呼吸停止应立即进行人工呼吸，就医 食入：饮足量温水，催吐，就医 灭火方法：喷水冷却容器，可能的情况下将容器从火场移至空旷处，处在火场中的容器若已变色或从安全泄压装置中产生声音，必须马上撤离，灭火剂为泡沫、干粉、二氧化碳、砂土，用水灭火无效 泄漏应急处理：迅速撤离泄漏污染区至安全区，并进行隔离，严格限制出入，切断火源，建议应急处理人员戴自给正压式呼吸器，穿防毒服，尽可能切断泄漏源，防止流入下水道、排洪沟等限制性空间；小量泄漏时用活性炭或其他惰性材料吸收，也可用不燃性分散剂制成的乳液刷洗，洗液稀释后排入废水系统；大量泄漏时构筑围堤或挖坑收容，用泡沫覆盖，降低蒸气灾害，用防爆泵转移至槽车或专用收集器内，回收或运至废物处理场所处置
贮运须知	贮存于阴凉、通风的库房，远离火种、热源，库温不宜超过30℃，保持容器密封，应与氧化剂分开存放，切忌混贮，采用防爆型照明、通风设施，禁止使用易产生火花的机械设备和工具，贮区应备有泄漏应急处理设备和合适的收容材料

5.12 环境监测和测量管理

（1）基本要求

为确定环境管理的效果并及时纠正没有达成环境管理目标的情况，必须策划和设置环境绩效监测方案，确定监测的项目、监测的时机、监测的内容以及如何使用监测的结果。

监视的项目至少要覆盖适用的法律法规和国家排放标准规定的合规项目，例如污水、废气、噪声的适用指标的监测；危险废物的收集、贮存情况和转移合规证据，也可以对挥发性有机化合物使用等污染源的管理情况、维修过程污染物排放控制过程监视的情况等进行评估。

（2）环境监测计划示例

＿＿＿公司环境监测计划

序号	监测项目		监测内容	监测频率	负责部门	方式
1	总排放口水质		pH值；悬浮物（SS）；化学需氧量（COD）；五日生化需氧量（BOD_5）；石油类；阴离子表面活性剂（LAS）；氨氮；总氮；总磷	1次/季度	人事行政部	委托第三方监测机构
2	厂界噪声		昼间噪声；夜间噪声（围绕厂界外1米5～8个点）	1次/月	人事行政部	内部
3	危险废物转移		登记完整性	1次/月	人事行政部	内部
			危险废物转移单据	1次/季度	人事行政部	内部
4	废气排放	喷烤漆房排气口	苯；甲苯；二甲苯；非甲烷总烃	1次/年	人事行政部	委托市环保局监测站
		厂区空气质量（无组织排放）	苯；甲苯；二甲苯；非甲烷总烃；恶臭	1次/年	人事行政部	委托市环保局监测站

编制：　　　审核：　　　批准：　　　　　日期：

（3）环境监测和测量管理程序示例

环境监测和测量管理程序

1.目的

对公司可能具有重大环境影响的运行与活动进行例行监测和测量，以实现对环境影响的有效控制，从而确保满足环境目标、指标以及有关的环境法律法规要求。

2.适用范围

适用于公司对废水、废气、噪声排放的环境目标、指标及重大环境因素所要求的关键特性的符合情况、环境法律法规遵循情况等的监测与管理。

3.责任

3.1 人事行政部门：制定污水、废气、噪声排放和危险废物转移合规"环境监测计划表"并组织实施。

3.2　售后部经理：制定污染源和维修过程污染物排放等环境因素的"环境监测计划表"并组织监测、记录。

4. 资格与训练

环境监测人员应接受相应的培训并考核合格。

5. 定义

无。

6. 内容

6.1　识别监视特性和监视标准

6.1.1　人事行政部门依据公司确定的"重要环境因素清单"，组织售后经理及有关技术人员，必要时外聘咨询顾问或联系当地环保部门，确定公司的污染物排放监测项目、监测内容、监测点、监测时机和排放限值，编制环境监视计划。

6.1.2　售后经理组织配件部和技术主管、车间主管，根据各部门的"环境因素清单""重要环境因素清单"和公司制定的环境管理方案，对维修工艺和环保设施运行过程进行分析，确定环境监视点和工艺参数要求，编制环境运行监视作业指导书和记录表格。

6.2　环境监测实施

6.2.1　内部监测和监视

对公司具备监测条件的项目，由各担当人按规定的时间和内容实施监测。

6.2.2　委外监测

对公司不具备监测条件的项目和法定监测项目，由人事行政部门委托当地环境监测站或第三方机构进行监测。

6.3　处置不符合内容

6.3.1　当监测结果出现不符合时，总经理责成责任部门对不符合情况进行调查，采取措施减少由此带来的影响，并根据不符合的严重性和公司的具体情况进行评估。必要时按《环境不符合、纠正和预防管理程序》处理。

6.3.2　对监测报告中超标的项目，由污染源所在部门提出环境改善方案并实施改善对策，直到再次监测合格。

6.4　信息交流

6.4.1　各监测部门应对监测和测量结果与相关部门进行交流。

6.4.2　人事行政部门负责将法定监测项目的监测结果送当地环保管理

> 5 环境管理体系及其建立

部门备案。

6.5 记录归档

（略）

7.相关文件/资料

（略）

8.流程图

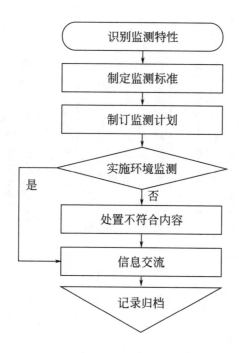

5.13 合规性评价管理

（1）基本要求

合规性评价是针对公司应该履行的合规义务而言的，因此，必须依据识别的合规义务，逐条逐款逐项目进行比对，确认应该履行的法律法规义务、法定排放限值是否已经达到。

（2）合规性评价报告示例

公司合规性评价报告

序号	法律法规名称	适用条文 章	适用条文 条	要求	现状说明	是否符合 是	是否符合 否	备注
1	中华人民共和国环境保护法	四	41	建设项目中防治污染的设施，应当与主体工程同时设计、同时施工、同时投产使用。防治污染的设施应当符合经批准的环境影响评价文件的要求，不得擅自拆除或者闲置				
			42	排放污染物的企业事业单位和其他生产经营者，应当采取措施，防治在生产建设或者其他活动中产生的废气、废水、废渣、医疗废物、粉尘、恶臭气体、放射性物质以及噪声、振动、光辐射、电磁辐射等对环境的污染和危害				
			43	排放污染物的企业事业单位和其他生产经营者，应当按照国家有关规定缴纳排污费。排污费应当全部专项用于环境污染防治，任何单位和个人不得截留、挤占或者挪作他用。依照法律规定征收环境保护税的，不再征收排污费				
			45	国家依照法律规定实行排污许可管理制度				
			46	国家对严重污染环境的工艺、设备和产品实行淘汰制度。任何单位和个人不得生产、销售或者转移、使用严重污染环境的工艺、设备和产品				
2	中华人民共和国环境影响评价法	二	16	国家根据建设项目对环境的影响程度，对建设项目的环境影响评价实行分类管理。建设单位应当按照下列规定组织编制环境影响报告书、环境影响报告表或者填报环境影响登记表（以下统称环境影响评价文件）： （一）可能造成重大环境影响的，应当编制环境影响报告书，对产生的环境影响进行全面评价； （二）可能造成轻度环境影响的，应当编制环境影响报告表，对产生的环境影响进行分析或者专项评价； （三）对环境影响很小、不需要进行环境影响评价的，应当填报环境影响登记表				

5 环境管理体系及其建立

续表

序号	法律法规名称	适用条文 章	适用条文 条	要求	现状说明	是否符合 是	是否符合 否	备注
3	建设项目环境保护管理条例	二	6	国家实行建设项目环境影响评价制度				
		二	7	国家根据建设项目对环境的影响程度，按照下列规定对建设项目的环境保护实行分类管理： （一）建设项目产生的污染和对环境可能造成重大影响的，应当编制环境影响报告书，对建设项目产生的污染和对环境可能造成的影响进行全面、详细评价； （二）建设项目产生的污染和对环境可能造成轻度影响的，应当编制环境影响报告表，对建设项目产生的污染和对环境的影响进行分析或者专项评价； （三）建设项目对环境影响很小，不需要进行环境影响评价的，应当填报环境影响登记表				
		二	12	建设项目环境影响报告书、环境影响报告表经批准后，建设项目的性质、规模、地点，采用的生产工艺或者防治污染、防止生态破坏的措施发生重大变动的，建设单位应当重新报批建设项目环境影响报告书、环境影响报告表				
		三	15	建设项目需要配套建设的环境保护设施，必须与主体工程同时设计、同时施工、同时投产使用				
		三	17	编制环境影响报告书、环境影响报告表的建设项目竣工后，建设单位应当按照国务院环境保护行政主管部门规定的标准和程序，对配套建设的环境保护设施进行验收，编制验收报告 建设单位在环境保护设施验收过程中，应当如实查验、监测、记载建设项目环境保护设施的建设和调试情况，不得弄虚作假 除按照国家规定需要保密的情形外，建设单位应当依法向社会公开验收报告				

续表

序号	法律法规名称	适用条文 章	适用条文 条	要求	现状说明	是否符合 是	是否符合 否	备注
4	中华人民共和国水污染防治法	三	17	新建、改建、扩建直接或者间接向水体排放污染物的建设项目和其他水上设施，应当依法进行环境影响评价				
		三	29	禁止向水体排放油类、酸液、碱液或者剧毒废液。禁止在水体清洗装贮过油类或者有毒污染物的车辆和容器				
		四	33	禁止向水体排放、倾倒工业废渣、城镇垃圾和其他废弃物。禁止将含有汞、镉、砷、铬、铅、氰化物、黄磷等的可溶性剧毒废渣向水体排放、倾倒或者直接埋入地下				
5	城镇排水与污水处理条例	三	21	从事工业、建筑、餐饮、医疗等活动的企业事业单位、个体工商户（以下称排水户）向城镇排水设施排放污水的，应当向城镇排水主管部门申请领取污水排入排水管网许可证。城镇排水主管部门应当按照国家有关标准、重点对影响城镇排水与污水处理设施安全运行的事项进行审查。排水户应当按照污水排入排水管网许可证的要求排放污水				
6	中华人民共和国大气污染防治法	三	18	企业事业单位和其他生产经营者建设对大气环境有影响的项目，应当依法进行环境影响评价、公开环境影响评价文件；向大气排放污染物的，应当符合大气污染物排放标准，遵守重点大气污染物排放总量控制要求				
		三	19	排放工业废气或者本法第七十八条规定名录中所列有毒有害大气污染物的企业事业单位、集中供热设施的燃煤热源生产运营单位以及其他依法实行排污许可管理的单位，应当取得排污许可证。排污许可的具体办法和实施步骤由国务院规定				
		三	20	企业事业单位和其他生产经营者向大气排放污染物的，应当依照法律法规和国务院环境保护主管部门的规定设置大气污染物排放口。禁止通过偷排、篡改或者伪造监测数据，以逃避现场检查为目的的临时停产，非紧急情况下开启应急排放通道，不正常运行大气污染防治设施等逃避监管的方式排放大气污染物				

112

5 环境管理体系及其建立

续表

序号	法律法规名称	适用条文 章	适用条文 条	要求	现状说明	是否符合 是	是否符合 否	备注
7	汽车排气污染监督管理办法	三	14	在用汽车排气污染必须达到国家规定的排放标准				
8	中华人民共和国环境噪声污染防治法	二	13	建设项目可能产生环境噪声污染的，建设单位必须提出环境影响报告书，规定环境噪声污染的防治措施，并按照国家规定的程序报环境保护行政主管部门批准。环境影响报告书中，应当有该建设项目所在地单位和居民的意见				
		三	15	产生环境噪声污染的工业企业，应当采取有效措施，减轻噪声对周围生活环境的影响				
9	中华人民共和国固体废物污染环境防治法	二	13	建设产生固体废物的项目以及建设贮存、利用、处置固体废物的项目，必须依法进行环境影响评价，并遵守国家有关建设项目环境保护管理的规定				
		三	30	产生工业固体废物的单位应当建立、健全污染环境防治责任制度，采取防治工业固体废物污染环境的措施				
		三	33	企业事业单位应当根据经济、技术条件对其产生的工业固体废物加以利用；对暂时不利用或者不能利用的，必须按照国务院环境保护行政主管部门的规定建设贮存设施、场所，安全分类存放，或者采取无害化处置措施				
10	危险化学品安全管理条例	二	12	新建、改建、扩建生产、储存危险化学品的建设项目（以下简称建设项目），应当由安全生产监督管理部门进行安全条件审查				

续表

序号	法律法规名称	适用条文 章 条	要求	现状说明	是否符合 是 否	备注
10	危险化学品安全管理条例	一 20	生产、储存危险化学品的单位，应当根据其生产、储存危险化学品的种类和危险特性，在作业场所设置相应的监测、监控、通风、调温、防晒、防火、灭火、防爆、泄压、防毒、中和、防潮、防雷、防静电、防腐、防泄漏以及防护围堤或者隔离操作等安全设施、设备，并按照国家标准、行业标准或者国家有关规定对安全设施、设备进行经常性维护、保养，保证安全设施、设备的正常使用 生产、储存危险化学品的单位，应当在其作业场所和安全设施、设备上设置明显的安全警示标志			
		一 21	生产、储存危险化学品的单位，应当在其作业场所设置通信、报警装置，并保证处于适用状态			
		一 22	生产、储存危险化学品的企业，应当委托具备国家规定的资质条件的机构，对本企业的安全生产条件每三年进行一次安全评价，提出安全评价报告。安全评价报告的内容应当包括对安全生产条件存在的问题进行整改的方案			
11	国家危险废品名录		废有机溶剂与含有机溶剂废物（HW06） 废矿物油与含矿物油废物（HW08） 染料、涂料废物（HW12） 含汞废物（HW29） 其他废物（HW49） 废催化剂（HW50）			

> 5 环境管理体系及其建立

续表

序号	法律法规名称	适用条文 章	适用条文 条	要求	现状说明	是否符合 是	是否符合 否	备注
12	危险废物转移联单管理办法		4	危险废物产生单位在转移危险废物前，须按照国家有关规定报批危险废物转移计划；经批准后，产生单位应当向移出地环境保护行政主管部门申请领取联单。产生单位应当在危险废物转移前三日内报告移出地环境保护行政主管部门，并同时将预期到达时间报告接受地环境保护行政主管部门				
			5	危险废物产生单位每转移一车、船（次）同类危险废物，应当填写一份联单。每车、船（次）有多类危险废物的，应当按每一类危险废物填写一份联单				
			6	危险废物产生单位应如实填写联单中产生单位栏目，并加盖公章，经交付危险废物运输单位实验核签收签字后，将联单第一联副联自留存档，联单第二联交付危险废物运输单位随危险废物运行。联单第一联正联及其条各联交付运输单位随危险废物转移运行				
			10	联单保存期限为五年；贮存危险废物的，其联单保存期限与危险废物贮存期限相同。环境保护行政主管部门认为有必要延长联单保存期限的，运输单位和接受单位应当按照要求延期保存联单				
13	《汽车维修业开业条件 第1部分 汽车整车维修企业》（GB/T 16739.1—2004）		7.1	企业应具有废油、废液、废气、废蓄电池、废轮胎及垃圾等有害物质集中收集、有效处理和保洁的环境整洁的环境保护管理制度。有害物质储存区域应界限清楚，必要时有隔离，控制措施				
			7.2	作业环境以及发生产生"三废"（废油、废液、废气）、通风、吸尘、净化、消声等设施，均应符合有关规定				

115

续表

序号	法律法规名称	适用条文 章	适用条文 条	要求	现状说明	是否符合 是	是否符合 否	备注
13	《汽车维修业开业条件 第1部分 汽车整车维修企业》(GB/T 16739.1—2004)		7.3	涂漆车间应设有专用的废水排放及处理设施，采用干打磨工艺的，应有粉尘收集装置和除尘设备				
			7.4	调试车间和调试工位应设置汽车尾气收集净化装置				
14	《汽车维修业开业条件 第2部分 汽车综合小修及专项维修业户》(GB/T 16739.2—2014)		4.9	使用和储存有毒、易燃、易爆物品和粉尘、腐蚀剂、污染物、压力容器等均应有相应的安全防护措施和设施。作业环境以及生产工艺配置的处理有"四废"及采光、通风、净化、吸尘、消声等设施，均应符合环境保护的有关规定				
15	《汽车维修业水污染物排放标准》(GB 26877—2011)	水污染物特别排放限值　　　　　　　　　　　　　单位：mg/L							

水污染物特别排放限值　　单位：mg/L

序号	污染物项目	限值 直接排放	限值 间接排放	污染物排放监控位置
1	pH值	6～9	6～9	企业废水总排放口
2	悬浮物（SS）	10	20	
3	化学需氧量（COD）	50	60	
4	五日生化需氧量（BOD$_5$）	10	20	
5	石油类	1	3	
6	阴离子表面活性剂（LAS）	1	3	
7	氨氮	5	10	
8	总氮	15	20	
9	总磷	0.5	0.5	

5 环境管理体系及其建立

续表

序号	法律法规名称	适用条文		要求	现状说明	是否符合		备注
		章	条			是	否	
15	《汽车维修业水污染物排放标准》(GB 26877—2011)			单位基准排水量　　单位：m^3/辆 | 序号 | 车型 | 限值 | 污染物排放监控位置 | |---|---|---|---| | 1 | 小型客车 | 0.014 | 排水量计量位置与污染物排放监控位置相同 | | 2 | 小型货车 | 0.05 | | | 3 | 大、中型客车 | 0.06 | | | 4 | 大型货车 | 0.07 | |				
16	《工业企业厂界环境噪声排放标准》(GB 12348—2008)			工业企业厂界环境噪声排放限值　　单位：dB(A) | 厂界外声环境功能区类别 | 时段 昼间 | 夜间 | |---|---|---| | 0 | 50 | 40 | | 1 | 55 | 45 | | 2 | 60 | 50 | | 3 | 65 | 55 | | 4 | 70 | 55 |				
17	《涂装作业安全规程 有机废气净化装置安全技术规定》(GB 20101—2006)			（略）				

续表

序号	法律法规名称	适用条文		要求	现状说明	是否符合		备注
		章	条			是	否	
18	《环境保护图形标志 固体废物贮存（处置）场》（GB 15562.2—1995）			（略）				
19	《危险废物贮存污染控制标准》（GB 18597—2001）			（略）				
20	《煤质颗粒活性炭 气相用煤质颗粒活性炭》（GB/T 7701.1—2008）			（略）				
21	《汽车空调制冷剂回收、净化、加注工艺规范》（JT/T 774—2010）			（略）				
22	《汽车喷烤漆房》（JT/T 324—2008）			（略）				
23	《机动车维修服务规范》（JT/T 816—2011）			（略）				

5 环境管理体系及其建立

续表

序号	法律法规名称	适用条文		要求							现状说明	是否符合		备注
		章	条									是	否	
24	《大气污染物综合排放标准》（GB 16297—1996）			（1997.1.1 新建、扩建的单位）										

序号	污染物	最高允许排放浓度 /（mg/m³）	最高允许排放速率 /（kg/h）				无组织排放监控浓度限值	
			排气筒/m	二级	三级		监控点	浓度 /（mg/m³）
15	苯	12	15	0.50	0.80		周界外浓度最高点	0.40
			20	0.90	1.3			
			30	2.9	4.4			
			40	5.6	7.6			
16	甲苯	40	15	3.1	4.7		周界外浓度最高点	2.4
			20	5.2	7.9			
			30	18	27			
			40	30	46			
17	二甲苯	70	15	1.0	1.5		周界外浓度最高点	1.2
			20	1.7	2.6			
			30	5.9	8.8			
			40	10	15			
33	非甲烷总烃	120（使用溶剂汽油或其他混合烃类物质）	15	10	16		周界外浓度最高点	4.0
			20	17	27			
			30	53	83			
			40	100	150			

编制： 审核： 批准： 日期：

5.14 纠正和纠正措施

(1) 基本要求

当企业发现污染物排放超出允许的排放值时,以及发现运作偏离既定方案和管理要求时,特别是因为以上原因导致环境问题时,企业必须:

① 对出现的问题及时响应,采取措施控制问题的进一步发展,并对已经导致的环境问题进行处理,以减轻有害的环境影响;

② 对发生问题进行原因分析,进一步采取改进措施,预防同样问题的再次发生。

(2) 纠正和纠正措施管理程序示例

环境偏离、纠正和预防措施管理程序

1. 目的

采取有效的纠正和纠正措施,对发现的环境问题及时处理,减轻已发生环境问题后果的影响,并防止同样问题再次发生。

2. 适用范围

适用于对环境管理和运行中发现的超标排放和偏离运作要求的情形的处理。

3. 责任

3.1 管理者代表:重要纠正和纠正措施的审查和指示。

3.2 人事行政部门:重要纠正和纠正措施的实施效果追踪;对发生的对社区影响进行处理。

3.3 各责任部门:负责对本部门不符合的纠正与预防。

4. 资格与训练

相关人员应接受相应的技能培训。

5. 定义

无。

6. 内容

6.1 偏离和超标的发现

6.1.1 环境监测和测量结果；

6.1.2 环境事故；

6.1.3 社区抱怨；

6.1.4 环境管理工作检查中发现的偏离。

6.2 重大偏离

6.2.1 超标排放；

6.2.2 违反法律法规要求。

6.3 纠正

对各类环境问题处理应遵循立即纠正的原则进行纠正。

发生重大偏离情形时，责令相关部门立即停止相关作业或终止相关进程，直至重大偏离的情形得到解决，必要时由人事行政部门联系当地环保管理部门协助解决；如由于环境问题导致社区居民投诉，应立即道歉，必要时协助社区居民采取应对措施。

对于一般的偏离，例如废机油存放时发生泄漏、固体废物处理不当等，应立即对偏离的现场进行处理，避免因此产生不良的环境影响。

6.4 纠正措施

6.4.1 对环境运行偏离纠正后，管理者代表应组织相关部门和人员对偏离的原因进行分析，制定并实施相应的纠正措施，以确保类似的偏离不再发生。

6.4.2 纠正措施要满足与周围环境相适应的要求，保证纠正措施不会对环境造成新的不良影响，必要时制定新的环境管理方案和修改公司相关环境管理程序。

7. 相关文件/资料

（略）

8. 流程图

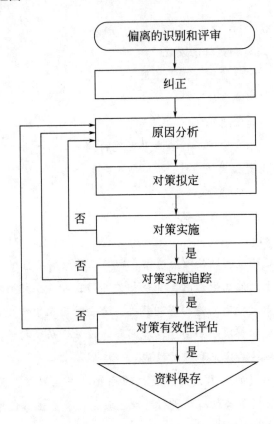

附录
GB/T 24001—2016 环境管理体系要求及使用指南

引 言

0.1 背景

为了既满足当代人的需求，又不损害后代人满足其需求的能力，必须实现环境、社会和经济三者之间的平衡。通过平衡这"三大支柱"的可持续性，以实现可持续发展目标。

随着法律法规的日趋严格，以及因污染、资源的低效使用、废物管理不当、气候变化、生态系统退化、生物多样性减少等给环境造成的压力不断增大，社会对可持续发展、透明度和责任的期望值已发生了变化。

因此，各组织通过实施环境管理体系，采用系统的方法进行环境管理，以期为"环境支柱"的可持续性做出贡献。

0.2 环境管理体系的目的

本标准旨在为各组织提供框架，以保护环境，响应变化的环境状况，同时与社会经济需求保持平衡。本标准规定了环境管理体系的要求，使组织能够实现其设定的环境管理体系的预期结果。

环境管理的系统方法可向最高管理者提供信息，通过下列途径以获得长期成功，并为促进可持续发展创建可选方案：

——预防或减轻不利环境影响以保护环境；

——减轻环境状况对组织的潜在不利影响；

——帮助组织履行合规义务；

——提升环境绩效；

——运用生命周期观点，控制或影响组织的产品和服务的设计、制造、交付、消费和处置的方式，能够防止环境影响被无意地转移到生命周期的其他阶段；

——实施环境友好的、且可巩固组织市场地位的可选方案，以获得财务和运营收益；

——与有关的相关方沟通环境信息。

本标准不拟增加或改变对组织的法律法规要求。

0.3 成功因素

环境管理体系的成功实施取决于最高管理者领导下的组织各层次和职能的承诺。组织可利用机遇，尤其是那些具有战略和竞争意义的机遇，预防或减轻不利的环境影响，增强有益的环境影响。通过将环境管理融入组织的业务过程、战略方向和决策制定过程，与其他业务的优先项相协调，并将环境管理纳入组织的全面管理体系中，最高管理者就能够有效地应对其风险和机遇。成功实施本标准可使相关方确信组织已建立了有效的环境管理体系。

然而，采用本标准本身并不保证能够获得最佳环境结果。本标准的应用可因组织所处环境的不同而存在差异。两个组织可能从事类似的活动，但是可能拥有不同的合规义务、环境方针承诺，使用不同的环境技术，并有不同的环境绩效目标，然而它们均可能满足本标准的要求。

环境管理体系的详略和复杂程度将取决于组织所处的环境、其环境管理体系的范围、其合规义务，及其活动、产品和服务的性质，包括其环境因素和相关的环境影响。

0.4 策划－实施－检查－改进模式

构成环境管理体系的方法是基于策划、实施、检查与改进（PDCA）的概念。PDCA模式为组织提供了一个循环渐进的过程，用以实现持续改进。该模式可应用于环境管理体系及其每个单独的要素。该模式可简述如下：

——策划：建立所需的环境目标和过程，以实现与组织的环境方针相一致的结果；

——实施：实施所策划的过程；

——检查：依据环境方针（包括其承诺）、环境目标和运行准则，对过程进行监视和测量，并报告结果；

——改进：采取措施以持续改进。

图1展示了本标准采用的结构如何融入PDCA模式，它能够帮助新的和现有的使用者理解系统方法的重要性。

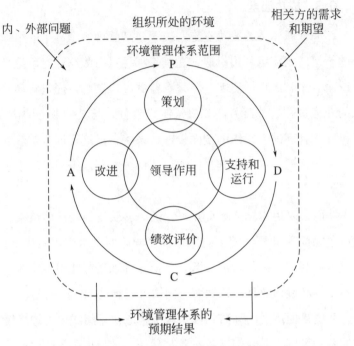

图1　PDCA与本标准结构之间的关系

0.5　本标准内容

本标准符合ISO对管理体系标准的要求。这些要求包括一个高阶结构，相同的核心正文，以及具有核心定义的通用术语，目的是方便使用者实施多个ISO管理体系标准。

本标准不包含针对其他管理体系的要求，例如：质量、职业健康安全、能源或财务管理。然而，本标准使组织能够运用共同的方法和基于风险的思维，将其环境管理体系与其他管理体系的要求进行整合。

本标准包括了评价符合性所需的要求。任何有愿望的组织均可能通过以下方式证实符合本标准：

——进行自我评价和自我声明；

——寻求组织的相关方（例如：顾客），对其符合性进行确认；

——寻求组织的外部机构对其自我声明的确认；

——寻求外部组织对其环境管理体系进行认证或注册。

附录A提供了解释性信息以防止对本标准要求的错误理解。附录B显

> 附录 GB/T 24001—2016环境管理体系 要求及使用指南

示了本标准与以往版本之间概括的技术对照。有关环境管理体系的实施指南包含在GB/T 24004中。

本标准使用以下助动词：

——"应"（shall）表示要求；

——"应当"（should）表示建议；

——"可以"（may）表示允许；

——"可、可能、能够"（can）表示可能性或能力。

标记"注"的信息旨在帮助理解或使用本文件。第3章使用的"注"提供了附加信息，以补充术语信息，可能包括使用术语的相关规定。

第3章中的术语和定义按照概念的顺序进行编排，本文件最后还给出了按字母顺序的索引。

环境管理体系 要求及使用指南

1 范围

本标准规定了组织能够用于提升其环境绩效的环境管理体系要求。本标准可供寻求以系统的方式管理其环境责任的组织使用，从而为"环境支柱"的可持续性做出贡献。

本标准可帮助组织实现其环境管理体系的预期结果，这些结果将为环境、组织自身和相关方带来价值。与组织的环境方针保持一致的环境管理体系预期结果包括：

——提升环境绩效；

——履行合规义务；

——实现环境目标。

本标准适用于任何规模、类型和性质的组织，并适用于组织基于生命周期观点所确定的其活动、产品和服务中能够控制或能够施加影响的环境因素。本标准并未提出具体的环境绩效准则。

本标准能够全部或部分地用于系统地改进环境管理，然而，只有当本标准的所有要求都被包含在组织的环境管理体系中且全部得到满足，组织才能声明符合本标准。

2 规范性引用文件

无规范性引用文件。

3 术语和定义

下列术语和定义适用于本文件。

3.1 与组织和领导作用有关的术语

3.1.1 管理体系 management system

组织（3.1.4）用于建立方针、目标（3.2.5）以及实现这些目标的过程（3.3.5）的相互关联或相互作用的一组要素。

注1：一个管理体系可关注一个或多个领域（例如：质量、环境、职业健康和安全、能源、财务管理）。

注2：体系要素包括组织的结构、角色和职责、策划和运行、绩效评价和改进。

注3：管理体系的范围可能包括整个组织、其特定的职能、其特定的部门，或跨组织的一个或多个职能。

3.1.2 环境管理体系 environmental management system

管理体系（3.1.1）的一部分，用于管理环境因素（3.2.2）、履行合规义务（3.2.9），并应对风险和机遇（3.2.11）。

3.1.3 环境方针 environmental policy

由最高管理者（3.1.5）就环境绩效（3.4.11）正式表述的组织（3.1.4）的意图和方向。

3.1.4 组织 organization

为实现目标（3.2.5），由职责、权限和相互关系构成自身功能的一个人或一组人。

注1：组织包括但不限于个体经营者、公司、集团公司、商行、企事业单位、政府机构、合股经营的公司、公益机构、社团，或上述单位中的一部分或结合体，无论其是否具有法人资格、公营或私营。

3.1.5 最高管理者 top management

在最高层指挥并控制组织（3.1.4）的一个人或一组人。

注1：最高管理者有权在组织内部授权并提供资源。

注2：若管理体系（3.1.1）的范围仅覆盖组织的一部分，则最高管理者是指那些指挥并控制组织该部分的人员。

3.1.6 相关方 interested party

能够影响决策或活动、受决策或活动影响，或感觉自身受到决策或活动影响的个人或组织（3.1.4）。

示例：相关方可包括顾客、社区、供方、监管部门、非政府组织、投资方和员工。

注1："感觉自身受到影响"意指已使组织知晓这种感觉。

3.2 与策划有关的术语

3.2.1 环境 environment

组织（3.1.4）运行活动的外部存在，包括空气、水、土地、自然资源、植物、动物、人，以及它们之间的相互关系。

注1：外部存在可能从组织内延伸到当地、区域和全球系统。

注2：外部存在可用生物多样性、生态系统、气候或其他特征来描述。

3.2.2 环境因素 environmental aspect

一个组织（3.1.4）的活动、产品和服务中与环境或能与环境（3.2.1）发生相互作用的要素。

注1：一项环境因素可能产生一种或多种环境影响（3.2.4）。重要环境因素是指具有或能够产生一种或多种重大环境影响的环境因素。

注2：重要环境因素是由组织运用一个或多个准则确定的。

3.2.3 环境状况 environmental condition

在某个特定时间点确定的环境（3.2.1）的状态或特征。

3.2.4 环境影响 environmental impact

全部或部分地由组织（3.1.4）的环境因素（3.2.2）给环境（3.2.1）造成的不利或有益的变化。

3.2.5 目标 objective

要实现的结果。

注1：目标可能是战略性的、战术性的或运行层面的。

注2：目标可能涉及不同的领域（例如：财务、健康与安全以及环境的目标），并能够应用于不同层面[例如：战略性的、组织层面的、项目、产品、服务和过程（3.3.5）]。

注3：目标可能以其他方式表达，例如：预期结果、目的、运行准则、环境目标（3.2.6），或使用其他意思相近的词语，例如：指标等表达。

3.2.6 环境目标 environmental objective

组织（3.1.4）依据其环境方针（3.1.3）建立的目标（3.2.5）。

3.2.7 污染预防 prevention of pollution

为了降低有害的环境影响（3.2.4）而采用（或综合采用）过程（3.3.5）、惯例、技术、材料、产品、服务或能源以避免、减少或控制任何类型的污染物或废物的产生、排放或废弃。

注：污染预防可包括源消减或消除，过程、产品或服务的更改，资源的有效利用，材料或能源替代，再利用、回收、再循环、再生或处理。

3.2.8 要求 requirement

明示的、通常隐含的或必须满足的需求或期望。

注1："通常隐含的"是指对组织（3.1.4）和相关方（3.1.6）而言是惯例或一般做法，所考虑的需求或期望是不言而喻的。

注2：规定要求指明示的要求，例如：文件化信息（3.3.2）中规定的要求。

注3：法律法规要求以外的要求一经组织决定遵守即成为义务。

3.2.9 合规义务 compliance obligations（首选术语）

法律法规和其他要求 legal requirements and other requirements（许用术语）。

组织（3.1.4）必须遵守的法律法规要求（3.2.8），以及组织必须遵守或选择遵守的其他要求。

注1：合规义务是与环境管理体系（3.1.2）相关的。

注2：合规义务可能来自强制性要求，例如：适用的法律和法规，或来自自愿性承诺，例如：组织的和行业的标准、合同规定、操作规程、与社团或非政府组织间的协议。

3.2.10 风险 risk

不确定性的影响。

注1：影响指相对预期的偏离——正面的或负面的。

注2：不确定性是一种状态，是指对某一事件、其后果或其发生的可能性缺乏（包括部分缺乏）信息、理解或知识。

注3：通常用潜在"事件"（见GB/T 23694—2013中的4.5.1.3）和"后果"（见GB/T 23694—2013中的4.6.1.3），或两者的结合来描述风险的特性。

注4：风险通常以事件后果（包括环境的变化）与相关的事件发生的"可能性"（见GB/T 23694—2013中的4.6.1.1）的组合来表示。

3.2.11 风险和机遇 risks and opportunities

潜在的不利影响（威胁）和潜在的有益影响（机会）。

3.3 与支持和运行有关的术语

3.3.1 能力 competence

运用知识和技能实现预期结果的本领。

3.3.2 文件化信息 documented information

组织（3.1.4）需要控制并保持的信息，以及承载信息的载体。

注1：文件化信息可能以任何形式和承载载体存在，并可能来自任何来源。

注2：文件化信息可能涉及：

——环境管理体系（3.1.2），包括相关过程（3.3.5）；

——为组织运行而创建的信息（可能被称为文件）；

——实现结果的证据（可能被称为记录）。

3.3.3 生命周期 life cycle

产品（或服务）系统中前后衔接的一系列阶段，从自然界或从自然资源中获取原材料，直至最终处置。

注1：生命周期阶段包括原材料获取、设计、生产、运输和（或）交付、使用、寿命结束后处理和最终处置。

[修订自：GB/T 24044—2008中的3.1，词语"（或服务）"已加入该定义，并增加了"注"]

3.3.4 外包 outsource

安排外部组织（3.1.4）承担组织的部分职能或过程（3.3.5）。

注1：虽然外包的职能或过程是在组织的管理体系（3.1.1）覆盖范围内，但是外部组织是处在覆盖范围之外。

3.3.5 过程 process

将输入转化为输出的一系列相互关联或相互作用的活动。

注1：过程可形成也可不形成文件。

3.4 与绩效评价和改进有关的术语

3.4.1 审核 audit

获取审核证据并予以客观评价，以判定审核准则满足程度的系统的、独立的、形成文件的过程（3.3.5）。

注1：内部审核由组织（3.1.4）自行实施执行或由外部其他方代表其实施。

注2：审核可以是结合审核（结合两个或多个领域）。

注3：审核应由与被审核活动无责任关系、无偏见和无利益冲突的人员进行，以证实其独立性。

注4："审核证据"包括与审核准则相关且可验证的记录、事实陈述或其他信息；而"审核准则"则是指与审核证据进行比较时作为参照的一组方针、程序或要求（3.2.8），GB/T 19011—2013 中3.3和3.2中分别对它们进行了定义。

3.4.2 符合 conformity

满足要求（3.2.8）。

3.4.3 不符合 nonconformity

未满足要求（3.2.8）。

注1：不符合与本标准要求及组织（3.1.4）自身规定的附加的环境管理体系（3.1.2）要求有关。

3.4.4 纠正措施 corrective action

为消除不符合（3.4.3）的原因并预防再次发生所采取的措施。

注1：一项不符合可能由不止一个原因导致。

3.4.5 持续改进 continual improvement

不断提升绩效（3.4.10）的活动。

注1：提升绩效是指运用环境管理体系（3.1.2），提升符合组织（3.1.4）的环境方针（3.1.3）的环境绩效（3.4.11）。

注2：该活动不必同时发生于所有领域，也并非不能间断。

3.4.6 有效性 effectiveness

实现策划的活动和取得策划的结果的程度。

3.4.7 参数 indicator

对运行、管理或状况的条件或状态的可度量的表述。[来源：ISO 14031:2013,3.15]

3.4.8 监视 monitoring

确定体系、过程（3.3.5）或活动的状态。

注1：为了确定状态，可能需要实施检查、监督或认真地观察。

3.4.9 测量 measurement

确定数值的过程（3.3.5）。

3.4.10 绩效 performance

可度量的结果。

注1：绩效可能与定量或定性的发现有关。

注2：绩效可能与活动、过程（3.3.5）、产品（包括服务）、体系或组织（3.1.4）的管理有关。

3.4.11 环境绩效 environmental performance

与环境因素（3.2.2）的管理有关的绩效（3.4.10）。

注1：对于一个环境管理体系（3.1.2），可依据组织（3.1.4）的环境方针（3.1.3），环境目标（3.2.6）或其他准则，运用参数（3.4.7）来测量结果。

4 组织所处的环境

4.1 理解组织及其所处的环境

组织应确定与其宗旨相关并影响其实现环境管理体系预期结果的能力的外部和内部问题。这些问题应包括受组织影响的或能够影响组织的环境状况。

4.2 理解相关方的需求和期望

组织应确定：

a）与环境管理体系有关的相关方；

b）这些相关方的有关需求和期望（即要求）；

c）这些需求和期望中哪些将成为其合规义务。

4.3 确定环境管理体系的范围

组织应确定环境管理体系的边界和适用性，以确定其范围。

确定范围时组织应考虑：

a）4.1所提及的内、外部问题；

b）4.2所提及的合规义务；

c）其组织单元、职能和物理边界；

d）其活动、产品和服务；

e）其实施控制与施加影响的权限和能力。

范围一经界定，该范围内组织的所有活动、产品和服务均需纳入环境管理体系。

范围应作为文件化信息予以保持，并可为相关方所获取。

4.4　环境管理体系

为实现组织的预期结果，包括提升其环境绩效，组织应根据本标准的要求建立、实施、保持并持续改进环境管理体系，包括所需的过程及其相互作用。

组织建立并保持环境管理体系时，应考虑在4.1和4.2中所获得的知识。

5　领导作用

5.1　领导作用与承诺

最高管理者应通过下述方面证实其在环境管理体系方面的领导作用和承诺：

a）对环境管理体系的有效性负责；

b）确保建立环境方针和环境目标，并确保其与组织的战略方向及所处的环境相一致；

c）确保将环境管理体系要求融入组织的业务过程；

d）确保可获得环境管理体系所需的资源；

e）就有效环境管理的重要性和符合环境管理体系要求的重要性进行沟通；

f）确保环境管理体系实现其预期结果；

g）指导并支持员工对环境管理体系的有效性做出贡献；

h）促进持续改进；

i）支持其他相关管理人员在其职责范围内证实其领导作用。

注：本标准所提及的"业务"可广义地理解为涉及组织存在目的的那些核心

活动。

5.2 环境方针

最高管理者应在界定的环境管理体系范围内建立、实施并保持环境方针，环境方针应：

a）适合于组织的宗旨和所处的环境，包括其活动、产品和服务的性质、规模和环境影响；

b）为制定环境目标提供框架；

c）包括保护环境的承诺，其中包含污染预防及其他与组织所处环境有关的特定承诺；

注：保护环境的其他特定承诺可包括资源的可持续利用、减缓和适应气候变化、保护生物多样性和生态系统。

d）包括履行其合规义务的承诺；

e）包括持续改进环境管理体系以提升环境绩效的承诺。

环境方针应：

——以文件化信息的形式予以保持；

——在组织内得到沟通；

——可为相关方获取。

5.3 组织的角色、职责和权限

最高管理者应确保在组织内部分配并沟通相关角色的职责和权限。

最高管理者应对下列事项分配职责和权限：

a）确保环境管理体系符合本标准的要求；

b）向最高管理者报告环境管理体系的绩效，包括环境绩效。

6 策划

6.1 应对风险和机遇的措施

6.1.1 总则

组织应建立、实施并保持满足6.1.1~6.1.4的要求所需的过程。

策划环境管理体系时，组织应考虑：

a）4.1所提及的问题；

b）4.2所提及的要求；

c）其环境管理体系的范围。

并且,应确定与环境因素(见6.1.2)、合规义务(见6.1.3)、4.1和4.2中识别的其他问题和要求相关的需要应对的风险和机遇,以:

——确保环境管理体系能够实现其预期结果;

——预防或减少不期望的影响,包括外部环境状况对组织的潜在影响;

——实现持续改进。

组织应确定其环境管理体系范围内的潜在紧急情况,包括那些可能具有环境影响的潜在紧急情况。

组织应保持以下内容的文件化信息:

——需要应对的风险和机遇;

——6.1.1~6.1.4中所需的过程,其详尽程度应使人确信这些过程能按策划得到实施。

6.1.2 环境因素

组织应在所界定的环境管理体系范围内,确定其活动、产品和服务中能够控制和能够施加影响的环境因素及其相关的环境影响。此时应考虑生命周期观点。

确定环境因素时,组织必须考虑:

a)变更,包括已纳入计划的或新的开发,以及新的或修改的活动、产品和服务;

b)异常状况和可合理预见的紧急情况。

组织应运用所建立的准则,确定那些具有或可能具有重大环境影响的环境因素,即重要环境因素。

适当时,组织应在其各层次和职能间沟通其重要环境因素。

组织应保持以下内容的文件化信息:

——环境因素及相关环境影响;

——用于确定其重要环境因素的准则;

——重要环境因素。

注:重要环境因素可能导致与不利环境影响(威胁)或有益环境影响(机会)有关的风险和机遇。

6.1.3 合规义务

组织应:

a）确定并获取与其环境因素有关的合规义务；

b）确定如何将这些合规义务应用于组织；

c）在建立、实施、保持和持续改进其环境管理体系时必须考虑这些合规义务。

组织应保持其合规义务的文件化信息。

注：合规义务可能会给组织带来风险和机遇。

6.1.4 措施的策划

组织应策划：

a) 采取措施管理其：

1）重要环境因素；

2）合规义务；

3）6.1.1所识别的风险和机遇。

b）如何：

1）在其环境管理体系过程（见6.2、第7章、第8章和9.1）中或其他业务过程中融入并实施这些措施；

2）评价这些措施的有效性（见9.1）。

当策划这些措施时，组织应考虑其可选技术方案、财务、运行和经营要求。

6.2 环境目标及其实现的策划

6.2.1 环境目标

组织应针对其相关职能和层次建立环境目标，此时必须考虑组织的重要环境因素及相关的合规义务，并考虑其风险和机遇。

环境目标应：

a）与环境方针一致；

b）可度量（如可行）；

c）得到监视；

d）予以沟通；

e）适当时予以更新。

组织应保持环境目标的文件化信息。

6.2.2 实现环境目标的措施的策划

策划如何实现环境目标时，组织应确定：

a）要做什么；

b）需要什么资源；

c）由谁负责；

d）何时完成；

e）如何评价结果，包括用于监视实现其可度量的环境目标的进程所需的参数（见9.1.1）。

组织应考虑如何能将实现环境目标的措施融入其业务过程。

7 支持

7.1 资源

组织应确定并提供建立、实施、保持和持续改进环境管理体系所需的资源。

7.2 能力

组织应：

a）确定在其控制下工作，对其环境绩效和履行合规义务的能力具有影响的人员所需的能力；

b）基于适当的教育、培训或经历，确保这些人员是能胜任的；

c）确定与其环境因素和环境管理体系相关的培训需求；

d）适用时，采取措施以获得所必需的能力，并评价所采取措施的有效性。

注：适用的措施可能包括，例如：向现有员工提供培训、指导，或重新分配工作；或聘用、雇佣能胜任的人员。

组织应保留适当的文件化信息作为能力的证据。

7.3 意识

组织应确保在其控制下工作的人员意识到：

a）环境方针；

b）与他们的工作相关的重要环境因素和相关的实际或潜在的环境影响；

c）他们对环境管理体系有效性的贡献，包括对提升环境绩效的贡献；

d）不符合环境管理体系要求，包括未履行组织合规义务的后果。

7.4 信息交流

7.4.1 总则

组织应建立、实施并保持与环境管理体系有关的内部与外部信息交流所需的过程，包括：

a）信息交流的内容；

b）信息交流的时机；

c）信息交流的对象；

d）信息交流的方式。

策划信息交流过程时，组织应：

——必须考虑其合规义务；

——确保所交流的环境信息与环境管理体系形成的信息一致且真实可信。

组织应对其环境管理体系相关的信息交流做出响应。

适当时，组织应保留文件化信息，作为其信息交流的证据。

7.4.2 内部信息交流

组织应：

a）在其各职能和层次间就环境管理体系的相关信息进行内部信息交流，适当时，包括交流环境管理体系的变更；

b）确保其信息交流过程使在其控制下工作的人员能够为持续改进做出贡献。

7.4.3 外部信息交流

组织应按其合规义务的要求及其建立的信息交流过程，就环境管理体系的相关信息进行外部信息交流。

7.5 文件化信息

7.5.1 总则

组织的环境管理体系应包括：

a）本标准要求的文件化信息；

b）组织确定的实现环境管理体系有效性所必需的文件化信息。

注：不同组织的环境管理体系文件化信息的复杂程度可能不同，取决于：

——组织的规模及其活动、过程、产品和服务的类型；

——证明履行其合规义务的需要；

——过程的复杂性及其相互作用；

——在组织控制下工作的人员的能力。

7.5.2 创建和更新

创建和更新文件化信息时，组织应确保适当的：

a) 标识和说明（例如：标题、日期、作者或参考文件编号）；

b) 形式（例如：语言文字、软件版本、图表）和载体（例如：纸质的、电子的）；

c) 评审和批准，以确保适宜性和充分性。

7.5.3 文件化信息的控制

环境管理体系及本标准要求的文件化信息应予以控制，以确保其：

a) 在需要的时间和场所均可获得并适用；

b) 得到充分的保护（例如：防止失密、不当使用或完整性受损）。

为了控制文件化信息，组织应进行以下适用的活动：

——分发、访问、检索和使用；

——存储和保护，包括保持易读性；

——变更的控制（例如：版本控制）；

——保留和处置。

组织应识别其确定的环境管理体系策划和运行所需的来自外部的文件化信息，适当时，应对其予以控制。

注："访问"可能指仅允许查阅文件化信息的决定，或可能指允许并授权查阅和更改文件化信息的决定。

8 运行

8.1 运行策划和控制

组织应建立、实施、控制并保持满足环境管理体系要求以及实施6.1和6.2所识别的措施所需的过程，通过：

——建立过程的运行准则；

——按照运行准则实施过程控制。

注：控制可包括工程控制和程序。控制可按层级（例如：消除、替代、管理）实施，并可单独使用或结合使用。

组织应对计划内的变更进行控制，并对非预期变更的后果予以评审，必要时，应采取措施降低任何不利影响。

组织应确保对外包过程实施控制或施加影响，应在环境管理体系内规定对这些过程实施控制或施加影响的类型与程度。

从生命周期观点出发，组织应：

a）适当时，制定控制措施，确保在产品或服务的设计和开发过程中，落实其环境要求，此时应考虑生命周期的每一阶段；

b）适当时，确定产品和服务采购的环境要求；

c）与外部供方（包括合同方）沟通组织的相关环境要求；

d）考虑提供与其产品和服务的运输或交付、使用、寿命结束后处理和最终处置相关的潜在重大环境影响的信息的需求。

组织应保持必要程度的文件化信息，以确信过程已按策划得到实施。

8.2 应急准备和响应

组织应建立、实施并保持对6.1.1中识别的潜在紧急情况进行应急准备并做出响应所需的过程。

组织应：

a）通过策划的措施做好响应紧急情况的准备，以预防或减轻它所带来的不利环境影响；

b）对实际发生的紧急情况做出响应；

c）根据紧急情况和潜在环境影响的程度，采取相适应的措施以预防或减轻紧急情况带来的后果；

d）可行时，定期试验所策划的响应措施；

e）定期评审并修订过程和策划的响应措施，特别是发生紧急情况后或进行试验后；

f）适当时，向有关的相关方，包括在组织控制下工作的人员提供与应急准备和响应相关的信息和培训。

组织应保持必要程度的文件化信息，以确信过程能按策划得到实施。

9 绩效评价

9.1 监视、测量、分析和评价

9.1.1 总则

组织应监视、测量、分析和评价其环境绩效。

组织应确定：

a）需要监视和测量的内容；

b）适用时的监视、测量、分析与评价的方法，以确保有效的结果；

c）组织评价其环境绩效所依据的准则和适当的参数；

d）何时应实施监视和测量；

e）何时应分析和评价监视和测量的结果。

适当时，组织应确保使用和维护经校准或验证的监视和测量设备。

组织应评价其环境绩效和环境管理体系的有效性。

组织应按其合规义务的要求及其建立的信息交流过程，就有关环境绩效的信息进行内部和外部信息交流。

组织应保留适当的文件化信息，作为监视、测量、分析和评价结果的证据。

9.1.2 合规性评价

组织应建立、实施并保持评价其合规义务履行状况所需的过程。

组织应：

a）确定实施合规性评价的频次；

b）评价合规性，需要时采取措施；

c）保持其合规状况的知识和对其合规状况的理解。

组织应保留文件化信息，作为合规性评价结果的证据。

9.2 内部审核

9.2.1 总则

组织应按计划的时间间隔实施内部审核，以提供下列关于环境管理体系的信息：

a) 是否符合：

1）组织自身环境管理体系的要求；

2）本标准的要求。

b）是否得到了有效的实施和保持。

9.2.2 内部审核方案

组织应建立、实施并保持一个或多个内部审核方案，包括实施审核的频次、方法、职责、策划要求和内部审核报告。

附录 GB/T 24001—2016环境管理体系 要求及使用指南

建立内部审核方案时,组织必须考虑相关过程的环境重要性、影响组织的变化以及以往审核的结果。

组织应:

a) 规定每次审核的准则和范围;

b) 选择审核员并实施审核,确保审核过程的客观性与公正性;

c) 确保向相关管理者报告审核结果。

组织应保留文件化信息,作为审核方案实施和审核结果的证据。

9.3 管理评审

最高管理者应按计划的时间间隔对组织的环境管理体系进行评审,以确保其持续的适宜性、充分性和有效性。

管理评审应包括对下列事项的考虑:

a) 以往管理评审所采取措施的状况;

b) 以下方面的变化:

1) 与环境管理体系相关的内、外部问题;

2) 相关方的需求和期望,包括合规义务;

3) 其重要环境因素;

4) 风险和机遇;

c) 环境目标的实现程度;

d) 组织环境绩效方面的信息,包括以下方面的趋势:

1) 不符合和纠正措施;

2) 监视和测量的结果;

3) 其合规义务的履行情况;

4) 审核结果;

e) 资源的充分性;

f) 来自相关方的有关信息交流,包括抱怨;

g) 持续改进的机会。

管理评审的输出应包括:

——对环境管理体系的持续适宜性、充分性和有效性的结论;

——与持续改进机会相关的决策;

——与环境管理体系变更的任何需求相关的决策,包括资源;

——如需要，环境目标未实现时采取的措施；

——如需要，改进环境管理体系与其他业务过程融合的机会；

——任何与组织战略方向相关的结论。

组织应保留文件化信息，作为管理评审结果的证据。

10 改进

10.1 总则

组织应确定改进的机会（见9.1、9.2和9.3），并实施必要的措施，以实现其环境管理体系的预期结果。

10.2 不符合和纠正措施

发生不符合时，组织应：

a) 对不符合做出响应，适用时；

1）采取措施控制并纠正不符合；

2）处理后果，包括减轻不利的环境影响；

b) 通过以下活动评价消除不符合原因的措施需求，以防止不符合再次发生或在其他地方发生：

1）评审不符合；

2）确定不符合的原因；

3）确定是否存在或是否可能发生类似的不符合；

c) 实施任何所需的措施；

d) 评审所采取的任何纠正措施的有效性；

e) 必要时，对环境管理体系进行变更。

纠正措施应与所发生的不符合造成影响（包括环境影响）的重要程度相适应。

组织应保留文件化信息作为下列事项的证据：

——不符合的性质和所采取的任何后续措施；

——任何纠正措施的结果。

10.3 持续改进

组织应持续改进环境管理体系的适宜性、充分性与有效性，以提升环境绩效。

附录A
（资料性附录）
本标准使用指南

A.1 总则

本附录所给出的附加信息旨在防止对本标准所包含要求的错误理解。这些信息的阐述与标准要求保持一致，不拟增加、减少或以任何方式修改本标准的要求。

本标准所包含的要求需要从系统或整体的角度进行考虑。使用者不应当脱离其他条款孤立地阅读本标准的特定句子或条款。某些条款中的要求与其他条款中的要求之间存在着相互联系。例如：组织需要理解其环境方针中的承诺与其他条款规定的要求之间的联系。

对变更的管理是组织保持环境管理体系，以确保能够持续实现其环境管理体系预期结果的一个重要组成部分。本标准诸多要求中均提出对变更的管理，包括：

——保持环境管理体系（见4.4）；

——环境因素（见6.1.2）；

——内部信息交流（见7.4.2）；

——运行控制（见8.1）；

——内部审核方案（见9.2.2）；以及

——管理评审（见9.3）。

作为变更管理的一部分，组织应当处理计划内的和计划外的变更，以确保这些变更的非预期结果不对环境管理体系的预期结果产生负面影响。变更的示例包括：

——计划的对产品、过程、运行、设备或设施的变更；

——员工或外部供方（包括合同方）的变更；

——与环境因素、环境影响和相关技术有关的新信息；

——合规义务的变更。

A.2 结构和术语的说明

为改进与其他管理体系标准之间的一致性，本标准的条款结构和一些术语已做出了变更。然而，本标准并未要求必须将其条款结构或术语应用于组织环境管理体系文件，也未要求必须以本标准使用的术语替代组织使用的术语。组织可选择使用适合其业务的术语，例如："记录""文件"或"规程"，而不一定使用"文件化信息"。

A.3 概念的说明

除了条款3给出的术语和定义外，以下还对所选取的概念进行了说明，以防止错误理解：

——本标准中，"任何（any）"一词的使用意指选用或选择。

——"适当的（appropriate）"与"适用的（applicable）"不得互换。"适当的"意指适合于或适于……的，并意味着某种程度的自由；而"适用的"意指相关的或有可能应用的，且意味着如果能够做到，就需要做。

——"考虑（consider）"一词意指有必要考虑这一话题，但可拒绝考虑；而"必须考虑（take into account）"意指有必要考虑这一话题，但不能拒绝考虑。

——"持续（continual）"指发生在一段时期内的持续，但可能有间断；而"连续（continuous）"指不间断的持续，因此应当使用"持续"来描述改进。

——本标准中，"影响（effect）"一词用来描述组织变化的结果；"环境影响（environmental impact）"特指对环境造成变化的结果。

——"确保（ensure）"一词意指职责可以委派，但责任不能委派。

——本标准使用了术语"相关方（interested party）"，"利益相关方（stakeholder）"是其同义词，代表了相同概念。

本标准使用了一些新的术语。以下对其进行简单解释，有助于新的使用者和本标准前版标准的使用者理解。

——"合规义务（compliance obligations）"短语替代了前版标准的短语"法律法规要求和组织应遵守的其他要求（legal requirements and other requirements to which the organization subscribes）"，这一新短语的含义与前版标准无区别。

——"文件化信息（documented information）"替代了前版标准中的名词"文件（documentation）""文档（documents）"和"记录（records）"。为了区分"文件化信息（documented information）"这一通称术语的含义，本标准现使用短语"保留（retain）文件化信息作为……的证据"来表示记录，用短语"保持（maintain）文件化信息"来表示记录以外的文件。短语"作为……的证据（as evidence of…）"并非是满足法律证据的要求，而只是表明需要保留的客观证据。

——短语"外部供方（external provider）"意指提供产品或服务的外部供方组织（包括合同方）。

——将"识别、确定（identify）"改为"确定（determine）"旨在与标准化的管理体系术语保持一致。"确定"一词意指获得认知的探索过程，其含义与前版标准无区别。

——短语"预期结果（intended outcome）"指组织通过实施其环境管理体系想要实现的结果。最低限度的预期结果包括提升环境绩效、履行合规义务和实现环境目标。组织可针对其环境管理体系设定附加的预期结果，例如与其保护环境的承诺相一致，组织可建立一个致力于实现可持续发展的预期结果。

——短语"在其控制下工作的人员[person（s）doing work under its control]"包括为组织工作的人员和那些代表组织工作并承担相应职责的人员（例如：合同方），以此替代前版标准中的短语"为组织或代表组织工作的人员（persons working for it or on its behalf,persons working for or on behalf of the organization）"，这一新短语的含义与前版标准无区别。

——前版标准中使用的"指标（target）"这一概念已包含在术语"环境目标（environmental objective）"中。

A.4 组织所处的环境

A4.1 理解组织及其所处的环境

4.1旨在针对可能对组织管理其环境责任的方式产生影响（正面的或负面的）的重要问题提供一个高层次的、概念性的理解。这些问题是组织的重要议题，也是需要探讨和讨论的问题，或是对组织实现其设定的环境管理体系预期结果的能力造成影响的变化着的情况。

可能与组织所处的环境相关的内、外部问题的示例如下：

a）与气候、空气质量、水质量、土地利用、现存污染、自然资源的可获得性和生物多样性等相关的，可能影响组织的目的或受其环境因素影响的环境状况；

b）外部的文化、社会、政治、法律、监管、财政、技术、经济、自然以及竞争环境，无论是国际的、国内的、区域的或地方的；

c）组织内部特征或条件，例如：其活动、产品和服务、战略方向、文化与能力（即：人员、知识、过程、体系）。

理解组织所处的环境被其用于建立、实施、保持并持续改进其环境管理体系（见4.4）。4.1所确定的内、外部问题可能给组织或环境管理体系带来风险和机遇（见6.1.1~6.1.3），组织从中确定那些需要应对和管理的风险和机遇（见6.1.4、6.2、第7章、第8章和9.1）。

A4.2　理解相关方的需求和期望

本标准希望组织对那些已确定为与其有关的内、外部相关方所表达的需求和期望有一个总体的（即高层次非细节性的）理解。组织在确定这些需求和期望中哪些他们必须遵守或选择遵守时，即合规义务（见6.1.1）时，需考虑其所获得的知识。

当某相关方感觉自身受到与环境绩效有关的组织的决策或活动的影响时，则组织应考虑该相关方向其告知或透露的有关需求和期望。

相关方的要求不一定是组织必须满足的要求。一些相关方的要求体现了强制性的需求和期望，因为这些需求和期望已被纳入法律、法规、规章、政府或甚至法庭判决的许可和授权中。组织可决定是否自愿接受或采纳相关方的其他需求和期望（例如：纳入合同关系或签署自愿性协议），组织一旦采纳了这些需求和期望，它们就成为组织的要求，即成为合规义务，并在策划环境管理体系（见4.4）时必须得到考虑。对组织合规义务更详细的分析见6.1.3。

A4.3　确定环境管理体系的范围

环境管理体系的范围旨在明确应用环境管理体系的、物理的和组织的边界，尤其是如果组织属于某大型组织的一部分时。组织可自主灵活地界定其边界。可选择在整个组织内实施本标准，或只在组织的特定部分实施，只要该部分的最高管理者有权力建立环境管理体系。

设定范围时,环境管理体系的可信性取决于组织边界的选取。组织应运用生命周期观点考虑其对活动、产品和服务能够实施控制或施加影响的程度。范围的设定不应当用来排除具有或可能具有重要环境因素的活动、产品、服务或设施,或规避其合规义务。范围是对包含在其环境管理体系边界内组织运行的真实并具代表性的声明,且不应当对相关方造成误导。

一旦组织宣称符合本标准,则要求组织对范围的声明可为相关方获取。

A.4.4 环境管理体系

组织有权力和责任决定如何满足本标准要求,包括以下事项的详略程度:

a)建立一个或多个过程,以确信它(们)按策划得到控制和实施,并实现期望的结果;

b)将环境管理体系要求融入其各项业务过程中,例如:设计和开发、采购、人力资源、营销和市场等;

c)将与组织所处的环境(见4.1)和相关方(见4.2)要求有关的问题纳入其环境管理体系。

如果在组织内的一个或多个特定部分实施本标准,则也可采用组织其他部分建立的方针、过程和文件化信息来满足本标准的要求,只要它们适用于这个(些)特定部分。

关于将保持环境管理体系作为变更管理的一部分的信息,见A.1。

A.5 领导作用

A.5.1 领导作用和承诺

为了证实领导作用和承诺,最高管理者负有环境管理体系有关的特定职责,应当亲自参与或进行指导。最高管理者可向他人委派这些行动的职责,但仍有责任确保这些行动得到实施。

A.5.2 环境方针

环境方针是声明承诺的一系列原则,最高管理者在这些承诺中概述了组织支持并提升其环境绩效的意图。环境方针使组织能够制定其环境目标(见6.2),采取措施实现环境管理体系的预期结果,并实现持续改进(见第10章)。

本标准规定了环境方针的三项基本承诺：

a）保护环境；

b）履行组织的合规义务；

c）持续改进环境管理体系以提升环境绩效。

这些承诺体现在组织为满足本标准特定要求所建立的过程中，以确保一个坚实、可信和可靠的环境管理体系。

保护环境的承诺不仅是通过污染预防防止不利的环境影响，还要保护自然环境免遭因组织的活动、产品和服务而导致的危害与退化。组织追求的特定承诺应当与其所处的环境（包括当地的或地区的环境状况）相关。这些承诺可能涉及，例如：水质量、再循环或空气质量的问题；并也可能包括与减缓和适应气候变化、保护生物多样性与生态系统，以及环境修复相关的承诺。

所有承诺均很重要，某些相关方特别关注组织履行其合规义务的承诺，尤其是满足适用法律法规要求的承诺。本标准规定了一系列与该承诺相关的、相互关联的要求，包括下列需求：

——确定合规义务；

——确保按照这些合规义务实施运行；

——评价合规义务的履行情况；

——纠正不符合。

A.5.3　组织的角色、职责和权限

参与组织环境管理体系的人员应当对其在遵守本标准要求和实现预期结果方面的角色、职责和权限有清晰的理解。

5.3识别的特定角色和职责可分派给某个人，有时被称为"管理者代表"，也可由几个人分担，或分派给最高管理者中的某位成员。

A.6　策划

A.6.1　应对风险和机遇的措施

A.6.1.1　总则

6.1.1建立过程的总体目的在于确保组织能够实现其环境管理体系的预期结果，预防或减少非预期影响，并实现持续改进，组织可通过确定其需要应对的风险和机遇，策划措施进行处理来确保实现上述目的。风险和机遇可能与环境因素、合规义务，其他问题，或相关方的其他需求和期望有关。

环境因素（见6.1.2）可能产生与不利环境影响、有益环境影响，以及对组织的其他影响有关的风险和机遇。与环境因素有关的风险和机遇的确定，可作为重要性评价的一部分，也可单独确定。

合规义务（见6.1.3）可能产生风险和机遇，例如：未履行合规义务可损害组织的声誉或导致诉讼；或更严格地履行合规义务，则能够提升组织的声誉。

组织也可能存在与其他问题有关的风险和机遇，包括环境状况，或相关方的需求和期望，这些都可能影响组织实现其环境管理体系预期结果的能力，例如：

a）由于员工文化或语言的障碍，未能理解当地的工作程序而导致的环境泄漏；

b）因气候变化而导致的洪涝灾害的增加，可影响组织的经营场地；

c）由于经济约束，导致缺乏可获得的资源来保持一个有效的环境管理体系；

d）通过政府财政资助引进新技术，可能改善空气质量；

e）旱季缺水可能影响组织运行其排放控制设备的能力。

紧急情况是意外的或不期望的事件，需要紧急运用特殊的能力、资源或过程以预防或减轻其实际或潜在的后果。紧急情况可能导致不利环境影响或对组织造成其他影响。组织在确定潜在的紧急情况（例如：火灾、化学品溢出、恶劣天气）时，应当考虑以下内容：

——现场的危险物品（例如：易燃液体、储罐、压缩气体）的性质；

——紧急情况最有可能的类型和规模；

——附近设施（例如：工厂、道路、铁路线）发生紧急情况的可能性。

尽管需确定和应对风险和机遇，但并不要求进行正式的风险管理或文件化的风险管理过程。组织可自行选择确定风险和机遇的方法。方法可涉及简单的定性过程或完整的定量评价，这取决于组织运行所处的环境。

识别的风险和机遇（见6.1.1~6.1.3）是策划措施（见6.1.4）和建立环境目标（见6.2）的输入。

A.6.1.2 环境因素

组织确定其环境因素和相关环境影响，进而确定那些需要通过其环境管理体系进行管理的重要环境因素。

全部的或部分的由环境因素给环境造成的任何不利或有益的变化称为环境影响。环境影响可能发生在地方、区域或是全球范围，且可能是直接的、间接的或经自然累积的影响。环境因素和环境影响之间是因果关系。

确定环境因素时，组织要考虑生命周期观点。但并不要求进行详细的生命周期评价，只需认真考虑可被组织控制或影响的生命周期阶段就足够了。产品或服务的典型生命周期阶段包括原材料获取、设计、生产、运输和（或）交付、使用、寿命结束后处理和最终处置。适用的生命周期阶段将依活动、产品和服务的不同而不同。

组织必须确定其环境管理体系范围内的环境因素，必须考虑与其现在的及过去有关的活动、产品和服务，计划的或新的开发，新的或修改的活动、产品和服务相关的输入和输出（包括预期的和非预期的）。运用的方法应当考虑正常的和异常的运行状况、关闭与启动状态，以及6.1.1中识别的可合理预见的紧急情况。组织应当注意以前曾发生过的紧急情况。关于将环境因素作为变更管理的一部分的信息，见A.1。

组织不必单独地考虑每个产品、组件或原材料以确定和评价其环境因素。当这些活动、产品和服务具有相同特性时，可以对其进行分组或分类。

确定其环境因素时，组织可能考虑下列事项：

a）向大气的排放；

b）向水体的排放；

c）向土地的排放；

d）原材料和自然资源的使用；

e）能源使用；

f）能量释放，例如：热能、辐射、振动（噪声）和光能；

g）废物和（或）副产品的产生；

h）空间利用。

除组织能够直接控制的环境因素外，组织还应确定是否存在其能够施加影响的环境因素。这些环境因素可能与组织使用的由其他方提供的产品和服务有关，也可能与组织向其他方提供的产品和服务有关，包括与外包过程有关的产品和服务。对于组织向其他方提供的产品和服务，组织可能仅对产品和服务的使用与寿命结束后处理具有有限的影响。然而，在任何情况下，均由组织确定其能够实施控制的程度，其能够施加影响的环境因素，以及其选择施加这种影响的程度。

应当考虑与组织活动、产品和服务相关的环境因素，例如：
——其设施、过程、产品和服务的设计和开发；
——原材料的获取，包括开采；
——运行或制造过程，包括仓储；
——设施、组织的资产和基础设施的运行和维护；
——外部供方的环境绩效和实践；
——产品运输和服务交付，包括包装；
——产品存储、使用和寿命结束后的处理；
——废物管理，包括再利用、翻新、再循环和处置。

确定重要环境因素的方法不是唯一的，但所使用的方法和准则应当提供一致的结果。组织应设立其确定重要环境因素的准则，环境准则是评价环境因素基本的和最低限度的准则。准则可与环境因素有关，例如：类型、规模、频次等，或可与环境影响有关，例如：规模、严重程度、持续时间、暴露时间等，也可运用其他准则。当仅考虑某项环境准则时，一项环境因素可能不是重要环境因素，但当考虑了其他准则时，它或许可能达到或超过了确定重要性的阈值。这些其他准则可包括组织的问题，例如：法律要求或相关方的关注。这些其他准则不应被用来使基于其环境影响的重要环境因素降低等级。

一项重要环境因素可能导致一种或多种重大环境影响，并可能因此导致为确保组织能够实现其环境管理体系的预期结果而需要应对的风险和机遇。

A.6.1.3 合规义务

组织需详细确定其在4.2中识别的适用于其环境因素的合规义务，并确定这些合规义务如何应用于组织。合规义务包括组织须遵守的法律法规要求，及组织须遵守的或选择遵守的其他要求。

如果适用，与组织环境因素相关的强制性法律法规要求可能包括：
a）政府机构或其他相关权力机构的要求；
b）国际的、国家的和地方的法律法规；

c）许可、执照或其他形式授权中规定的要求；

d）监管机构颁布的法令、条例或指南；

e）法院或行政的裁决。

合规义务也包括组织须采纳或选择采纳的，与其环境管理体系有关的其他相关方的要求。如果适用，这些要求可能包括：

——与社会团体或非政府组织达成的协议；

——与公共机构或客户达成的协议；

——组织的要求；

——自愿性原则或业务守则；

——自愿性标志或环境承诺；

——与组织签订的合同所约定的义务；

——相关的组织标准或行业标准。

A.6.1.4　措施的策划

组织在高层面上策划环境管理体系中须采取的措施，以管理其重要环境因素、合规义务，以及6.1.1识别的，为实现其环境管理体系的预期结果而被组织作为优先项考虑的风险和机遇。

策划的措施可以包括建立环境目标（见6.2），或以单独或结合的方式融入环境管理体系的其他过程；一些措施还可以通过其他管理体系提出，例如：与职业健康安全或业务连续性有关的管理体系；或通过与风险、财务或人力资源管理有关的其他业务过程提出。

当考虑其技术选项时，组织应当考虑在经济可行、成本效益高和适宜的前提下，采用最佳可行技术，但这并不意味着组织必须使用环境成本核算的方法学。

A.6.2　环境目标及其实现的策划

最高管理者可从战略层面、战术层面或运行层面来建立环境目标。战略层面包括组织的最高层次，其目标能够适用于整个组织；战术和运行层面可能包括针对组织内特定单元或职能的环境目标，应当与组织的战略方向相一致。

组织应当在其控制下工作的、具备影响实现环境目标的能力的人员沟通环境目标。

"必须考虑重要环境因素"的要求，并不意味着必须针对每项重要环境因素建立一个环境目标，而是建立环境目标时应优先考虑这些重要环境因素。

"与环境方针保持一致"指环境目标是与最高管理者在环境方针中做出的承诺保持总体协调一致，包括持续改进的承诺。

选择参数来评价可度量的环境目标的实现情况。"可度量"指有可能使用与规定尺度有关的定性的或定量的方法，来确定是否实现了环境目标。"如可行"表示某些情况下可能无法度量环境目标，但重要的是组织需能够判定环境目标是否得以实现。

关于环境参数的附加信息见 GB/T 24031。

A.7 支持

A.7.1 资源

资源是环境管理体系有效运行和改进，以及提升环境绩效所必需的。最高管理者应当确保那些负有环境管理职责的人员得到必需的资源支持。内部资源可由外部供方来补充。

资源可包括人力资源、自然资源、基础设施、技术和财务资源。例如：人力资源包括专业技能和知识；基础设施资源包括组织的建筑物、设备、地下储罐和排水系统等。

A.7.2 能力

本标准的能力要求适用于那些可能影响组织环境绩效的、在组织控制下工作的人员，包括：

a) 其工作可能造成重大环境影响的人员；

b) 被分派了环境管理体系职责的人员，包括涉及以下工作的人员：

1) 确定并评价环境影响或合规义务；

2) 为实现环境目标做出贡献；

3) 对紧急情况做出响应；

4) 实施内部审核；

5) 实施合规性评价。

A.7.3 意识

对环境方针的认知不应当理解为需要熟记承诺或在组织控制下工作的人员保存有文件化的环境方针的文本，而是这些人员应当意识到环境方针的存在、环境方针的目的以及他们在实现承诺中所起的作用，包括他们的工作如何能影响组织履行其合规义务的能力。

A.7.4 信息交流

信息交流使组织能够提供并获得与其环境管理体系相关的信息，包括与其重要环境因素、环境绩效、合规义务和持续改进建议相关的信息。信息交流是一个双向的过程，包括在组织的内部和外部。

组织在建立其信息交流过程时，应当考虑内部组织结构，以确保与最适当的职能和层次进行信息交流。可能采用一种方式就足以满足多个不同相关方的需求，而对于个别相关方的特殊需求，则可能需要采用多重信息交流方式。

组织所接收的信息可能包含相关方对与组织环境因素管理有关的特定信息的需求，或可能包含对组织实施管理的方式的总体印象或看法，这些印象和看法可能是正面或是负面的，若是负面看法（例如：投诉），则重要的是组织要及时给出明确的回复。对这些投诉进行事后分析能为寻求环境管理体系的改进机会提供有价值的信息。

信息交流应当具有下列特性：

a）透明性，即组织对其获得报告内容的方式是公开的；
b）适当性，以使信息满足相关方的需求，并促使其参与；
c）真实性，不会使那些相信所报告信息的人员产生误解；
d）事实性、准确性与可信性；
e）不排除相关信息；
f）使相关方可理解。

关于将信息交流作为变更管理的一部分的信息，见A.1。关于信息交流的附加信息见GB/T 24063。

A.7.5 文件化信息

组织应当创建并保持充分的文件化信息，以确保实施适宜、充分和有效的环境管理体系。首要关注点应当放在环境管理体系的实施和环境绩效，而非复杂的文件化信息控制系统。

除了本标准特定条款所要求的文件化信息外，组织可针对透明性、责任、连续性、一致性、培训，或易于审核等目的，选择创建附加的文件化信息。

可使用最初并非为环境管理体系的目的而创建的文件化信息。环境管理体系的文件化信息可与组织实施的其他管理体系信息相整合，文件化信息不一定以手册的形式呈现。

A.8 运行

A.8.1 运行策划和控制

运行控制的类型和程度取决于运行的性质、风险和机遇、重要环境因素及合规义务。组织可灵活选择确保过程有效和实现预期结果所需的运行控制方法的类型，可以是单一或组合方式。此类方法可能包括：

a) 设计一个或多个防止错误并确保一致性结果的过程；
b) 运用技术来控制一个或多个过程并预防负面结果（即工程控制）；
c) 任用能胜任的人员，以确保获得预期结果；
d) 按规定的方式实施一个或多个过程；
e) 监视或测量一个或多个过程，以检查结果；
f) 确定所需使用的文件化信息及其数量。

组织在其自身业务过程（例如：采购过程）中决定所需的控制程度，对外包过程或产品和服务的供方进行控制或施加影响，其决定应当基于下列因素：

——知识、能力和资源，包括：
——外部供方满足组织环境管理体系要求的能力；
——组织确定适当控制或评价控制充分性的技术能力；
——产品和服务对组织实现其环境管理体系预期结果的能力所具有的重要性和潜在影响；
——对过程控制进行共享的程度；
——通过采用其常规的采购过程，实现必要的控制的能力；
——可获得的改进机会。

当一个过程被外包或当产品和服务由外部供方提供时，组织实施控制或施加影响的能力可能发生由直接控制向有限控制或不能影响的变化。某些情况下，发生在组织现场的外包过程可能直接受控；而另一些情况下，组织影响外包过程或外部供方的能力可能是有限的。

在确定与外部供方（包括合同方）有关的运行控制的程度和类型时，

组织可考虑以下一个或多个因素，例如：

——环境因素和相关的环境影响；

——与其制造产品或提供服务有关的风险和机遇；

——组织的合规义务。

关于将运行控制作为变更管理的一部分的信息，见 A.1。关于生命周期观点的信息见 A.6.1.2。外包过程是满足下述所有条件的一种过程：

——在环境管理体系的范围之内；

——对于组织的运行是必需的；

——对环境管理体系实现其预期结果是必需的；

——组织保有符合要求的责任；

——组织与外部供方存在一定关系，此时，相关方会认为该过程是由组织实施的。

环境要求是组织为其相关方（例如：采购、顾客、外部供方等内部职能）建立并与其进行沟通的，与环境有关的组织的需求和期望。

组织的某些重大环境影响可能发生在产品或服务的运输、交付、使用、寿命结束后处理或最终处置阶段。通过提供信息，组织有可能能够预防或减轻这些生命周期阶段的不利环境影响。

A.8.2　应急准备和响应

以一种适合于组织特别需求的方式，对紧急情况做出准备和响应是每个组织的责任。关于确定紧急情况的信息见 A.6.1.1。

策划应急准备和响应过程时，组织应当考虑：

a）响应紧急情况的最适当的方法；

b）内部和外部信息交流过程；

c）预防或减轻环境影响所需的措施；

d）针对不同类型紧急情况所采取的减轻和响应措施；

e）紧急情况后评估的需要，以确定并实施纠正措施；

f）定期试验策划的应急响应措施；

g）对应急响应人员进行培训；

h）关键人员和救助机构的名录，包括详细的联系方式（例如：消防部门、泄漏清理服务部门）；

i）疏散路线和集合地点；

j）从邻近组织获得相互援助的可能性。

A.9 绩效评价

A.9.1 监视、测量、分析和评价

A.9.1.1 总则

确定应当监视和测量的内容时，除了环境目标的进展外，组织必须考虑其重要环境因素、合规义务和运行控制。

组织应当在环境管理体系中规定监视、测量、分析和评价所使用的方法，以确保：

a）监视和测量的时机与分析和评价结果的需求相协调；

b）监视和测量的结果是可靠的、可重现的和可追溯的；

c）分析和评价是可靠的和可重现的，并使组织能够报告趋势。

应当向那些具有职责和权限的人员报告对环境绩效分析和评价的结果，以便启动适当的措施。

关于环境绩效评价的附加信息见GB/T 24031。

A.9.1.2 合规性评价

合规性评价的频次和时机可根据要求的重要性、运行条件的变化、合规义务的变化，以及组织以往绩效的变化而变化。组织可使用多种方法保持对其合规状态的知识和理解，然而，所有合规义务均需定期予以评价。

如果合规性评价结果表明未满足法律法规要求，组织则需要确定并采取必要的措施以实现合规。这可能需要与监管部门进行沟通，并就采取一系列措施满足其法律法规要求签订协议，协议一经签订，则成为合规义务。

若不合规项已通过环境管理体系过程予以识别并纠正，则不合规项不必升级为不符合。与合规性有关的不符合，即使尚未导致实际的针对法律法规要求的不合规项，也需要予以纠正。

A.9.2 内部审核

只要可行，审核员均应当独立于被审核的活动，并应当在任何情况下均以不带偏见、不带利益冲突的方式进行审核。

内部审核所识别的不符合应采取适当的纠正措施。

考虑以往的审核结果时，组织应当考虑以下内容：

a）以往识别的不符合及所采取措施的有效性；
b）内外部审核的结果。

关于制定内部审核方案，实施环境管理体系审核并评价审核人员能力的附加信息见 GB/T 19011。关于将内审方案作为变更管理的一部分的信息，见 A.1。

A.9.3 管理评审

管理评审应当是高层次的，不必对详尽信息进行彻底评审。管理评审的主题不需要一次全部评审完，评审可在一段时期内开展，并可成为定期安排的管理活动的一部分，例如：董事会议或运营会议；它不需要成为一项单独的活动。

由最高管理者评审来自相关方的有关报怨，以确定改进的机会。

关于将管理评审作为变更管理的一部分的信息，见 A.1。

"适宜性"指环境管理体系如何适合于组织、其运行、文化及业务系统。"充分性"指组织的环境管理体系是否符合本标准要求，并予以恰当地实施。"有效性"指组织的环境管理体系是否正在实现期望的结果。

A.10 改进

A.10.1 总则

采取措施进行改进时，组织应当考虑来自环境绩效分析和评价、合规性评价、内部审核和管理评审的结果。

改进的示例包括纠正措施、持续改进、突破性变更、创新和重组。

A.10.2 不符合和纠正措施

环境管理体系的主要用途之一是作为预防性工具。预防措施的概念目前包含在 4.1（即理解组织及其所处的环境）和 6.1（即应对风险和机遇的措施）中。

A.10.3 持续改进

支持持续改进的措施的等级、程度与时间表由组织确定。通过整体运用环境管理体系或改进其一个或多个要素，可提升环境绩效。

附录 B
（资料性附录）
GB/T 24001—2016 与 GB/T 24001—2004 之间的对应情况

表 B.1 显示了 GB/T 24001—2016 与前版 GB/T 24001—2004 之间的对应情况。

表 B.1　GB/T 24001—2016 与 GB/T 24001—2004 之间的对应情况

GB/T 24001—2016		GB/T 24001—2004	
条款标题	条款号	条款号	条款标题
引言			引言
范围	1	1	范围
规范性引用文件	2	2	规范性引用文件
术语和定义	3	3	术语和定义
组织所处的环境（仅标题）	4		
		4	环境管理体系要求（仅标题）
理解组织及其所处的环境	4.1		
理解相关方的需求和期望	4.2		
确定环境管理体系的范围	4.3	4.1	总要求
环境管理体系	4.4	4.1	总要求
领导作用（仅标题）	5		
领导作用与承诺	5.1		
环境方针	5.2	4.2	环境方针
组织的角色、职责和权限	5.3	4.4.1	资源、作用、职责和权限
策划（仅标题）	6	4.3	策划（仅标题）
应对风险和机遇的措施（仅标题）	6.1		
总则	6.1.1		
环境因素	6.1.2	4.3.1	环境因素
合规义务	6.1.3	4.3.2	法律法规和其他要求
措施的策划	6.1.4		
环境目标及其实现的策划（仅标题）	6.2		
环境目标	6.2.1	4.3.3	目标、指标和方案
实现环境目标的措施和策划	6.2.2		

续表

GB/T 24001—2016		GB/T 24001—2004	
条款标题	条款号	条款号	条款标题
支持（仅标题）	7	4.4	实施与运行（仅标题）
资源	7.1	4.4.1	资源、作用、职责和权限
能力	7.2	4.4.2	能力、培训和意识
意识	7.3		
信息交流（仅标题）	7.4	4.4.3	信息交流
总则	7.4.1		信息交流
内部信息交流	7.4.2		信息交流
外部信息交流	7.4.3		信息交流
文件化信息（仅标题）	7.5	4.4.4	文件
总则	7.5.1		
创建和更新	7.5.2	4.4.5	文件控制
		4.5.4	记录控制
文件化信息的控制	7.5.3	4.4.5	文件控制
		4.5.4	记录控制
运行（仅标题）	8	4.4	实施与运行（仅标题）
运行策划和控制	8.1	4.4.6	运行控制
应急准备和响应	8.2	4.4.7	应急准备和响应
绩效评价（仅标题）	9	4.5	检查（仅标题）
监视、测量、分析和评价（仅标题）	9.1	4.5.1	监测和测量
总则	9.1.1		
合规性评价	9.1.2	4.5.2	合规性评价
内部审核（仅标题）	9.2	4.5.5	内部审核
总则	9.2.1		
内部审核方案	9.2.2		
管理评审	9.3	4.6	管理评审
改进（仅标题）	10		
总则	10.1		
不符合和纠正措施	10.2	4.5.3	不符合、纠正措施和预防措施
持续改进	10.3		
本标准使用指南	附录A	附录A	本标准使用指南
GB/T 24001—2016与GB/T 24001—2004之间的对应情况	附录B		
		附录B	GB/T 24001—2004与GB/T 19001—2008之间的联系
参考文献			参考文献
按字母顺序术语索引